MARCO POLO

VENEDIG

Reiseführer mit Insider-Tips

Fünf Symbole sollen Ihnen
die Orientierung in diesem Führer erleichtern:

★

für Marco Polo Tips – die besten in jeder Kategorie

für alle Objekte, bei denen Sie auch eine schöne Aussicht haben

für Plätze, wo Sie bestimmt viele Einheimische treffen

für Treffpunkte für junge Leute

(A1)
Koordinaten für den Stadtplan
(o) *außerhalb des Kartenbereichs*

Diesen Führer schrieb Rainer Stiller.
Er kennt Venedig von vielen ausgedehnten Aufenthalten
als Reisejournalist und schrieb für die Marco Polo Reihe
die Führer Schweiz, Italienische Riviera, Holland und Dänemark.
Die Marco Polo Reihe wird herausgegeben
von Ferdinand Ranft.

MAIRS GEOGRAPHISCHER VERLAG

MARCO POLO

Für Ihre nächste Reise gibt es folgende Titel dieser Reihe:

Ägypten
Algarve
Amsterdam
Andalusien
Antarktis
Athen
Australien
Baltikum
Bangkok
Barcelona
Bayerischer Wald
Berlin
Bodensee
Brasilien/Rio
Bretagne
Brüssel
Budapest
Capri
China
Costa Brava
Côte d'Azur
Dänemark
Deutschland · Ost
Dresden
Elsaß
England
Euro Disney
Feuerland/Patagonien
Flandern
Florenz
Florida
Frankfurt
Frankreich
Frz. Atlantikküste
Fuerteventura
Gardasee
Gran Canaria
Griechenland
Gr. Inseln/Ägäis
Hamburg
Harz
Hawaii
Holland
Hongkong
Ibiza/Formentera
Indien
Ionische Inseln
Irland
Ischia
Island
Israel
Istanbul
Italien
Ital. Adria
Ital. Riviera
Japan
Jerusalem
Jugoslaw. Küste
Kalifornien
Kanada
Karibik:
Gr. Antillen
Kl. Antillen
Kenia
Köln
Korsika
Kreta
Lanzarote
Lissabon
Loire-Tal
London
Madrid
Mallorca
Malta
Marokko
Mecklenburger Seenplatte
Mexiko
Moskau
München
Nepal
Neuseeland
New York
Norwegen
Oberbayern
Österreich
Ostseeküste:
Schlesw.-Holst.
Mecklbg.-Vorp.
Paris
Peking
Polen
Portugal
Potsdam
Prag
Provence
Rhodos
Rom
Rußland
San Francisco
Sardinien
Schottland
Schwarzwald
Schweden
Schweiz
Sizilien
Spanien
St. Petersburg
Südafrika
Südtirol
Sylt
Taiwan
Teneriffa
Tessin
Thailand
Tirol
Tokio
Toskana
Tschechische Rep./Slowakische Rep.
Tunesien
Türkei
Türk. Mittelmeerküste
Ungarn
USA
USA: Neuengland
Venedig
Weimar
Wien
Zypern

Die Marco Polo Redaktion freut sich, wenn Sie ihr schreiben:
Marco Polo Redaktion, Mairs Geographischer Verlag
Postfach 3151, D-73751 Ostfildern

Unsere Autoren haben nach bestem Wissen recherchiert. Trotzdem schleichen sich manchmal Fehler ein, für die der Verlag keine Haftung übernehmen kann.

Titelbild: Focus/Yamashita
Kallabis (4, 72); Mauritius: Ascher (42), Beck (13, 76), Bohnacker (74), Cupak (66), Ditges (20, 29), Hubatka (64), Kerth (52), Kolley (8), Messerschmidt (46, 58), Photo Bank (33), Pigneter (30, 96, Umschlagklappe vorn), Scholey (24), Vidler (11, 16, 27, 89), Waldkirch (78), Wenske (86), Witzgall (35); Touristik Marketing GmbH (94); Transglobe Agency: Allgöwer (36), Boyer (80), Krüger (56), Winsnes (84)

Gestaltung: Thienhaus/Wippermann (Büro Hamburg)
Kartographie: Mairs Geographischer Verlag, Hallwag AG

Printed in Germany
Gedruckt auf 100% chlorfrei gebleichtem Papier

INHALT

CONTINENTAL

Entdecken Sie Venedig!

Die Lagunenstadt zeigt ungebrochene Anziehungskraft, alten Stolz und den kalten Hauch von Vergänglichkeit

Leichen pflastern ihren Weg. Keine Stadt der Welt ist in ihrer Geschichte (literarisch und anderweitig) so oft mit dem Tod in Verbindung gebracht worden wie Venedig. Daß die Gondeln Trauer tragen und diese ihnen sogar steht, hat nicht wie andernorts etwas Untröstliches. Die Erfahrung von Vergänglichkeit gehört zu Venedig, so wie der Mond zum Wechsel von Ebbe und Flut der gegen die Mauern der Stadt brechenden Adria gehört.

»Am Rande der Flut«, schreibt Thomas Mann über die letzten Minuten des Gustav von Aschenbach vor dem »Tod in Venedig«, »verweilte er sich, gesenkten Hauptes, mit einer Fußspitze Figuren im feuchten Sande zeichnend, und ging dann in die seichte Vorsee, die an ihrer tiefsten Stelle noch nicht seine Knie benetzte, durchschritt sie, lässig vordringend, und gelangte zur Sandbank. Dort stand er einen Augenblick, das Gesicht der Weite zugekehrt, und begann hierauf, die lange und schmale Strecke entblößten Grundes nach links hin langsam abzuschreiten. Vom Festland geschieden durch breite Wasser, geschieden von den Genossen durch stolze Laune, wandelte er, eine höchst abgesonderte und verbindungslose Erscheinung, mit flatterndem Haar dort draußen im Meere, im Winde, vorm Nebelhaft-Grenzenlosen. Abermals blieb er zur Ausschau stehen.«

Der Canal Grande ist der Hauptverkehrsweg der Lagunenstadt

Einer, dem wie Aschenbach die »widerliche Schwüle« der Stadt die Luft zum Leben nimmt, sieht Venedig anders als jemand, der mit neugierigen Augen und vielen guten Ratschlagen und manchen sogenannten Geheimtips hier ankommt. Dieser Reisende ist wie der Dichter Rainer Maria Rilke anno 1910 bereit, alle Vorurteile über die Stadt zu vergessen und sich einfach nur ihrem Zauber zu stellen: »Das schöne Gegengewicht der Welt, das bis in seine Zierate hinein voll latenter Energien steht, die sich immer feiner vernervten: dieses Venedig.« Man erreicht es – so oder so – übers Wasser. Selbst der, der mit der Bahn am zentralen Bahnhof Santa Lucia angekommen ist und nur mit kleinem Handgepäck für ein, zwei Nächte sein Hotel im Centro Storico, dem historischen Zentrum, zu Fuß erreichen will, selbst der wird umgehend das nächste Traghetto besteigen, eine jener Gondel-Fähren, die ihn über den Canal Grande übersetzen. Prächtiger allerdings sind die Anfahrten mit dem Vaporetto, einem Schiff der öffentlichen Bootslinien, oder dem Motoscafo, einem Wassertaxi, das bis zu vier Personen aufnimmt. Bei klarer Sicht taucht dann, etwa bei der Anfahrt vom Flughafen Marco Polo, vom Lido von Jesolo oder gar wie einst Goethe vom Festlands-Städtchen Fusina aus, das Juwel Venedig aus dem Dunst auf. Vittore Carpaccio, Gentile Bellini, Giambattista Tiepolo – die Namen der wunderbaren Maler, denen wir erst später in den Museen wieder begegnen werden, fallen einem nahezu spontan ein, je näher die unverwechselbare Silhouette der Stadt kommt. »Venedig«, hat Peggy Guggenheim, die Mäzenin, Sammlerin und Lebensgenießerin, deren Kunstsammlung im Palazzo Vernier dei Leoni man unbedingt besuchen sollte, kurz vor ihrem Tod 1979 noch einmal gesagt, »Venedig – das ist steingewordene Kunst.« Der Dank der Venezianer: Sie nannten sie »die letzte Dogin«.

Der Doge war sichtbarer, Mensch gewordener Ausdruck des republikanischen Stolzes der Venezianer. Niccolò Machiavelli berichtet 1521: »Venedig entstand, als sich viele Leute auf einige Inseln an der Spitze des Adriatischen Meeres geflüchtet hatten, um den ewigen Kriegen zu entgehen, die in Italien nach dem Untergang des Römischen Reiches durch die fortwährenden Barbareneinfälle ausbrachen. Diese Flüchtlinge begannen miteinander ohne einen besonderen Fürsten zu leben, der ihnen Einrichtungen gab; sie schufen sich selbst die Gesetze, die ihnen zu ihrer Selbsterhaltung geeignet erschienen. Das gelang aufs beste, dank der langen Ruhe, die ihnen ihre Lage gab; denn das Meer verwehrte den Zugang, und die Völker, die Italien verheerten, hatten keine Schiffe, um sie anzugreifen.« Das war um 452 nach Christus. Seit 697 gab es dann den Dogen, dessen Titel auf das lateinische Wort »dux« für Führer oder Herzog zurückgeht. Der auf Lebenszeit gewählte Doge war zunächst der Inhaber der höchsten Gewalt in Venedig. Im Jahr 1032 scheiterte ein Versuch, die Herrschaft erblich zu machen, wiederum am Stolz der Venezianer und führte gleichzeitig zu einer dauernden Einschränkung der Macht. Die Mitglieder des Adels wählten den Dogen zwar – in einem übrigens sehr kunstvollen Verfahren – auf Lebenszeit, doch sechs sogenannte Tribunen überwachten ihn im Amt. Ab dem Jahr 1310 gab es den »Deici Inquisitori dello Stato«, den Rat der Zehn, der zur Obersten Gerichtsbarkeit der Republik wurde. 1797 wurde das Amt des Dogen aufgehoben. An seine Tradition erinnert bis heute das jährliche Fest der Vermählung

Spaziergänge durch Venedig

Zur Bettelordenskirche

Beginnen wir den ersten Spaziergang am Campanile auf der Piazza San Marco. Noch vor dem Uhrenturm gehen wir rechts an der Basilica San Marco vorbei die Calle Canonica entlang nach links in die Calle Angelo. Über die nächste Brücke rechts und die Calle Rimedio geht es zum Campo Santa Maria Formosa. Der Platz ist immer belebt; die Kirche ein eindrucksvoller Beweis für venezianische Baukunst im 15. Jahrhundert. Über die Calle Trevisana und die Calle Bressana, die durch eine Brücke miteinander verbunden sind, gelangen wir auf den Vorplatz der mächtigen Bettelordenskirche Santi Giovanni e Paolo.

Goldoni-Denkmal und Wagners Sterbezimmer

Von der Piazza San Marco kommend, überqueren wir die Ponte di Rialto über den Canal Grande diesmal nicht, sondern halten uns rechts. Über den Campo Bartolomeo, auf dem die Stadt dem Komödiendichter Carlo Goldoni ein Denkmal setzte, erreichen wir den Fondaco dei Tedeschi, das im 16. Jahrhundert erbaute Handelshaus der deutschen Kaufleute, in dem sich heute Venedigs Hauptpostamt befindet. Von jetzt ab können wir in einem sanften Linksschwung der Biegung des Canal Grande entlang immer geradeaus gehen. Auf der linken Seite sehen wir viele klassische Kaufmannshäuser. Entlang der Nova Strada gibt es Läden, in denen die Waren nicht so teuer sind wie in der Nähe von San Marco. Wir erreichen schließlich den Palazzo Vendramin, in dem 1883 Richard Wagner starb.

Zum Ghetto

Vom Ausgang der Stazione Ferrovia Santa Lucia, dem Hauptbahnhof, wenden wir uns nach links, lassen die Ponte degli Scalzi, die Brücke der Barfüßigen, rechts liegen und kommen durch die Rio Terrà Lista di Spagna zum Campo San Geremia. Über die Ponte Guglie geht es dann in den Stadtteil Cannaregio. Dort entstand 1516 das erste jüdische Ghetto in der Geschichte der Christenheit. Der Name leitete sich von den damals dort befindlichen Fabriken für Metallguß (venezianisch: geto oder gheto) ab. Am Campo del Ghetto Nuovo kann man sich zu Synagogenbesichtigungen anmelden.

Und eine Spazierfahrt

Nehmen Sie an der Piazzale Roma eines der Vaporetti der Bootslinien 1 oder 4 und lassen Sie sich den Canal Grande bis zur Haltestelle San Marco entlangfahren. Auf beiden Seiten sehen Sie die schönsten Handels- und Bürgerhäuser. Für einen entsprechenden Aufpreis können sie die Fahrt selbstverständlich auch mit deutscher Führung machen.

des Dogen mit dem Meer, die jetzt der Bürgermeister der Stadt zelebriert.

Ja, und der Dogenpalast ist natürlich massives Zeichen der Geschichte Venedigs. Er befindet sich an der Piazza San Marco, dem weltberühmten Platz mit seinen Tausenden von Tauben. San Marco eignet sich vielleicht am besten für ein erstes, noch flüchtiges Rendezvous mit dieser Stadt. »Wer nicht sein Herz stärker klopfen fühlt, wenn er auf dem Markusplatz steht«, hat Franz Grillparzer in sein Italien-Tagebuch geschrieben, »der lasse sich begraben, denn er ist tot, unwiederbringlich tot«.

Nun, das gilt in Zeiten des Massentourismus so uneingeschränkt nicht mehr. Aber wer am späteren Nachmittag ankommt, hat schon das Glück, daß die Tagestouristen, die San Marco oft überfüllen, wieder abgereist sind. Von der Mole kommend sieht man rechter Hand den mächtigen Palazzo Ducale, den Dogen-Palast, und dahinter die Basilica San Marco. Links erhebt sich der Campanile, den zu ersteigen Geduld erfordert, denn selbst bei Regen bildet sich an der Kasse stets eine lange Schlange. Neben dem Campanile geht es in die eigentliche Piazza hinein. Sie ist von Arkaden umgeben, unter denen sich mit dem »Caffè Florian« auf der linken und dem »Caffè Quadri« auf der rechten Seite zwei der traditionellen Treffpunkte der Stadt befinden. Links hinter dem »Florian« befindet sich das »Museo Civico Correr«, das mit seinen wechselnden Ausstellungen weltweit Beachtung findet. An der Stirnseite der Piazza, hinter der Ala Napoleonica, liegt übrigens auch das zentrale Post- und Telegraphenamt der Stadt. San

Über dem Markusplatz erhebt sich der Campanile

Marco ist auch der Name des Stadtteils rund um den Markusplatz. Strenggenommen und eng gefaßt, hat Venedig sieben Stadtteile: Castello, Cannaregio, Santa Croce, San Polo, Dorsoduro, Giudecca und eben San Marco. Zur Stadtgemeinde Venedig gehören neben diesen rund vier Kilometer vom Festland entfernt liegenden Stadtteilen noch die Festlands-Stadtteile Marghera und Mestre, der Lido sowie die Inseln Burano, Murano und Torcello. Das auf insgesamt 118 Inseln errichtete Venedig mit seinen 177 Kanälen und 400 Brücken ist die Hauptstadt der Regionen Venetien und Veneto. Venedig mit seinen knapp 13,5 Quadratkilometern hat rund 340000 Einwohner, von denen sich allerdings immer mehr auf dem Festland niederlassen. Eine Zahl kann die Fluktuation verdeutlichen: Allein in den letzten 30 Jahren nahm die Einwohnerschaft des Centro Storico um über die Hälfte ab; sie sank von 176000 auf 80000.

Für die Flucht auf das Festland gibt es im wesentlichen zwei Gründe: den Tourismus und die Ökologie. Jährlich kommen fast 2,5 Millionen Reisende für mehrere Tage und fast 10 Millionen für einen Kurzbesuch in die Lagunenstadt. Da die meisten Besucher sich auf das touristische Zentrum beschränken, steht man sich an den zentralen Plätzen schon auf den Füßen herum. Und Venezianer kommen lieber nur noch zum Geldverdienen in die Stadt. Auch darin hat Venedig Tradition. Im Mittelalter gehörte die Serenissima, die Durchlauchtigste, wie die Venezianer ihre Republik einst in aller Bescheidenheit nannten, zu den blühenden, reichen und mächtigen Städten der bekannten Welt. Heute kommt das Geld nicht mehr wie einst durch den Handel; heute ist Venedig ein Knotenpunkt des Fremdenverkehrs, der am Rande der Aufnahmefähigkeit ist. Die Zahlen: 225 Hotels mit 14000 Betten und 1700 Privatunterkünfte.

Der zweite Grund für Venezianer, die Stadt als Wohnort zu meiden, ist die Ökologie. Zwar hat man nach der verheerenden Flut von 1966 damit begonnen, Schleusentore zu bauen, die eine regelmäßige Überflutung Venedigs und damit seinen Untergang verhindern sollen. Auch stinkt Venedig nicht mehr so wie einst, seitdem verboten wurde, Erdgas und Trinkwasser aus dem Boden zu gewinnen. Doch reichen die Umweltschutzbemühungen bei weitem nicht, um die Schäden der vergangenen Jahrhunderte zu beheben. Venedig sinkt weiter – und Gummistiefel sind keine schlechte Idee für das Reisegepäck, denn bei ein bißchen Wind und Regen kann man die Piazza San Marco ohne das richtige Schuhwerk kaum trockenen Fußes überqueren.

»Adesso basta!« Riccardo Held, ein junger Dichter, Übersetzer, Homme des lettres und leidenschaftlicher Venezianer, mag die Negativismen über seine Stadt nicht mehr hören: »Jetzt aber Schluß!« Wir stehen in einer kleinen Bar im Dorsoduro, wo er eine verschachtelte Dachwohnung hat, in der er eine ungewöhnliche Bibliothek hegt, die an die große Bildungstradition der Venezianer anknüpft: Der Italiener ordnet seine Bibliothek nach Ersterscheinungstag und -jahr der Bücher. Man muß sich einmal vorstellen, was dieser Mann im Kopf hat. Oder wüßten Sie auf Anhieb, wann Dante sein »Inferno« oder Goethe den »Faust« geschrieben hat?

Riccardo sagt noch einmal: »Adesso basta!« Es ist Sonntagvormittag. Mit uns stehen andere Männer in der Bar – zum »ciacole«, dem Schwätzchen nach der Kirche. Unter sich führen es die Venezianer in ihrer melodiösen Sprache, die mit Italienisch etwa so viel zutun hat wie das Hessische mit dem Hochdeutschen. »Weicher, sanfter und fließender als die Schriftsprache, ist die venezianische Mundart unendlich reich an schmeichelnden, liebkosenden Wörtern, welche die Gutherzigkeit des Volkes bezeichnen«, schrieb der deutsche Sprachwissenschaftler Georg von Martens schon 1838. Das hat sich bis heute nicht geändert.

Zum Schwatz trinken die Männer »un bicchiere bianco«, ein Gläschen Weißen oder auch zwei und drei vor dem Essen, sprechen von den Fußballergebnissen des Vortages, dem letzten Radrennen oder – besonders hier unweit der Accademia – vom Buch, das sie gerade lesen. »Venedig«, sagt Riccardo, »das ist doch nicht Untergang und Verfall. Venedig steht für Kunst in jeder Form«. Auch für die Kunst des Lebens!

Genauso schnell, wie sich die Bar nach dem Abklingen der Kirchenglocken gefüllt hat, leert sie sich jetzt wieder. Wir legen 1000 Lire für den Wein – teurer ist er hier nicht – auf den Tresen und gehen. Riccardo, der selber wie die anderen zum Essen nach Hause geht, hat geraten, das Dorsoduro in Richtung Osten bis zur Spitze der Insel zu erlaufen. Am Weg gibt es in einer winzigen Trattoria *Gnocchi salvia*, diese hervorragenden Kartoffelteig-Klößchen in Butter und Salbei. Anschließend führt der Weg weiter den Zattere-Kai hinunter. An den Anlegestellen der Bootslinien vorbei, von denen auch Vaporetti hinüber zur Insel Giudecca übersetzen. Selbst die Venezianer streiten, woher dieses südlich vorgelagerte Eiland seinen Namen hat. Er kann sowohl von den Juden, den *giudei*, als auch von den Verurteilten, den *giudicati*, abgeleitet werden. Historisch war die Giudecca jedenfalls das Stück Venedig, auf das man sich zurückziehen mußte und konnte. Es gab Klöster für die Freiwilligen, Gefängnisse für die Gezwungenen, Elendsquartiere für die Hoffnungslosen. Daß die Insel trotzdem dazugehört, beweisen die Venezianer jährlich mit einem Fest. Am dritten Sonntag im Juli schlägt man vom Zattere-Kai eine Pontonbrücke hinüber nach Giudecca, um das Fest der von Palladio entworfenen Votivkirche Redentore zu feiern, die nach der verheerenden Pest von 1576 errichtet worden war.

Redentore bleibt hinter dem Spaziergänger zurück; die Chiesa Santa Maria della Salute an der Spitze von Dorsoduro kommt in Sicht. Die Piazza San Marco scheint zum Greifen nahe. Und wenn man in den verwinkelten Gassen unter den winzigen Brücken schnell ein Gefühl von Unübersichtlichkeit und Verlorenheit bekommt –

Die Gondeln gehören zu Venedig

hier scheint Venedig plötzlich wieder völlig überschaubar. Was sich schon bald wieder ändert, denn der Weg zurück zur Ponte Accademia geht nicht geradewegs am Ufer des Canal Grande entlang. Die Gassen liegen versetzt, finden aber immer ihre Fortsetzung.

Für Ängstliche, die sich auch mit Stadtplan noch verlaufen: Gelbe Hinweisschilder an den Häuserwänden geben die grobe Richtung an – Accademia, Piazzale Roma, Rialto, San Marco. Aber, Achtung! Manchmal, wenn Sie aus einer kleinen Gasse hinaustreten, befindet sich nur ein Hinweis in Ihrem Rücken. Und ein anderes Mal weist ein abknickender Pfeil, wenn man es genau nimmt, auf drei nicht gerade Vertrauen erweckende Gassen-Schlünde. Wenn man sich nicht treiben lassen will, muß man den nächsten Passanten fragen, was manchen aber auch nicht beruhigen kann – besonders nach Anbruch der Dunkelheit nicht.

»Ray bog nach rechts ab, in der Coleman entgegengesetzten Richtung; es war ihm egal, wohin der Weg führte. Nach einigen Augenblicken sah er sich um. Antonio war nirgends zu sehen. Die Straße machte jetzt einen Bogen, und er konnte nicht mehr weit zurück und wartete. Von Antonio war keine Spur zu sehen. Er atmete auf und schritt weiter, auf den Zattere-Kai zu – jedenfalls meinte er das und blickte sich suchend nach den Richtungspfeilen um, die manchmal seitlich an den Häusern aufgemalt waren, um den Weg zum nächsten Vaporetto oder zu einer Traghetta-Haltestelle zu zeigen. Heute abend fand er sie nicht.« Wie der Touristen-Alptraum, nächtens allein in den kleinsten Gassen, auch einen erfahrenen Venedig-Reisenden erfassen kann, beschreibt die Schriftstellerin Patricia Highsmith in ihrem Kriminalroman-Klassiker »Venedig kann sehr kalt sein«.

Das kann es tatsächlich. Es darf es aber auch. Denn die Stadt hält, ganz im Sinne Rilkes, ihr »schönes Gegengewicht zur Welt« in jeder Jahreszeit, hält in Frühling, Sommer, Herbst und Winter stets neue verblüffende Geheimnisse und auch Freuden bereit. Deshalb gibt es sie genaugenommen nicht: die Reisezeit für Venedig.

Sicher, wer nur auf das Wetter schaut, findet schnell heraus, wann Venedig klimatisch am schönsten scheint. Der Mai und der spätsommerliche September haben schon die strahlendsten Sonnentage. Dann leuchtet das Gold auf den ungezählten geflügelten Markuslöwen besonders hell. Der Sommer selber kann drückend-schwül werden, allerdings ist dann die Wassertemperatur am Lido mit 22 Grad am angenehmsten. Der Februar hat oft klare, trockene Tage, der Oktober ist regenreich; Januar und November bringen meist Nebel, der so dicht sein kann, daß man tatsächlich die Hand vor Augen kaum noch sieht. Das gilt auch für den Dezember, wo seltsamerweise gegen Weihnachten kaum noch Touristen gezählt werden (und deshalb allerdings auch viele Hotels und Restaurants geschlossen haben). Gerade diese geisterhafte Stille, die dann durch Venedig zieht, lockt den Genießer. Der Reise-Schriftsteller Horst Krüger ist so einer: »Mein Venedig ist ein Stück, das eigentlich nur fünf Tage im Jahr auf dem Programm steht. Es sind die dunklen Tage zwischen dem 20. und 25. Dezember, wo die Welt im Bann des Weihnachtsfestes steht... Wer hat schon Lust, ausgerechnet drei Tage vor Heiligabend nach Venedig zu fahren? Ich tat es immer wieder. Ich fand ein anderes, ganz stilles Venedig, wie es vielleicht zur Zeit Goethes, wie es sicher vor der Erfindung des Tourismus schon immer war. Ein Venedig ohne Gäste: Seltsam ist diese Erfahrung. Sicher nicht für jedermann. Für Freunde schöner Melancholien und Liebhaber privater Extratouren ist das etwas. Ich spreche für Einzelgänger, die Sonderlinge... Venedig im Winter: Es duftet nach Kaffee, nach Rotwein und trockenem Holz, das verglimmt.« Es duftet nicht nach Weihnachten, obwohl man sich auch hier zur Geburt des Christuskindes den gegenseitigen Segenswunsch entbietet: »Buon Natale – Frohe Weihnachten!« Die meisten sagen es flüchtig im Vorübergehen und verschwinden schweigend im Nebel.

Die Ruhe endet nach dem Fest der Heiligen Drei Könige Anfang Januar. Dann rüstet sich die Stadt zu einem – so denken die meisten Venezianer – längst überholten Fest: dem Karneval. Unter den Arkaden am Markusplatz tauchen die ersten versprengten Masken um den 14. Januar auf. Niemand weiß, woher sie kommen und wohin sie gehen. Nur eines weiß man ganz genau: Sie kommen nicht aus Venedig. Es passiert zwar noch, daß angesehene venezianische Familien Maskenbälle geben; sie tun es nur für ihre in- und ausländischen Freunde oder Geschäftspartner. Der historische Karneval in Venedig verschwand im Grunde am 12. Mai 1797. Damals legte der letzte Doge sein Amt nieder, die stolze »Repubblica Serenissima« verlor ihre Unabhängigkeit an Österreich – und hinter den Masken der noblen venezianischen Gesellschaft gab es nichts mehr zu lachen. Daß es heute überhaupt wieder Karnevalsveranstaltungen gibt, geht auf eine Initiative des Fremdenverkehrsamtes in den siebziger Jahren zurück. Man sorgte sich schlicht um die Attraktivität Venedigs im nebligen Januar und noch kalten Februar. Arlecchino und Pantalone, Pulcinella und Colombina – die klassischen Masken aus der Commedia dell'arte sind heute in ihren Stegreifstücken auf der Bühne allemal zauberhafter als in den Straßen – auch wenn

Maskierte während der Karnevalszeit

manches weißgeschminkte Gesicht, das schon mittags, eingehüllt in ein Cape, über die Plätze huscht, nur das im Sinn haben mag, was der letzte Dichter des echten venezianischen Karnevals, Carlo Goldoni (1707–93) als erster formulierte: »Que dolce mestier di non far niente – welch' süßes Handwerk, dieses Nichtstun!«

Masken in allen Größen – die meisten scheußlich-kitschig und fernab von jedem Handwerk – bieten die Läden zwischen Markusplatz und Rialto-Brücke seltsamerweise das ganze Jahr über an. Man muß ja nicht kaufen!

Trotzdem: Venedig, die traditionelle Handelsmetropole, bleibt selbstverständlich auch eine bedeutende Einkaufsstadt. Schöne Kleider, phantasievolle Stoffe, handgeschöpfte Papiere, Leder, Antiquitäten – das Angebot ist reich, aber nicht immer ganz preiswert. Vergleiche lohnen! Oft gibt der Laden um die Ecke deutliche Preisnachlässe, weil seine Schaufenster nicht am Trampelpfad für Touristen liegen (was übrigens auch für die Restaurants gilt). Es gibt nicht wie in anderen Metropolen eine große, die wichtigste Einkaufsstraße. Die »Mercerie«, wie die Shoppingmeilen hier heißen, beginnen – das ist noch einfach zu finden – unterhalb des Uhrturms von San Marco, der exakt gegenüber der Mole liegt. Bis zur Rialto-Brücke kreuzen und queren hier die Gassen mit Geschäften. Sie hören aber auch ganz plötzlich mitten im Verlauf auf, Geschäftsstraße zu sein. Unter den Arkaden am Markusplatz findet man nur die teuersten und exklusivsten Geschäfte. Wer den Markusplatz am Ende, gegenüber dem Campanile, verläßt, stößt noch einmal auf ein langes Band von kleinen Ladenzeilen, die fast bis zur Ponte Accademia und darüber hinaus nach rechts weiter in Richtung Piazzale Roma führen. Hier findet man die schönsten Papierläden und einige Antiquitätenläden, die sich auf den Jugendstil und das Art deco spezialisiert haben. Mit Glück hängen prächtig erhaltene venezianische Kleider aus jener Zeit in der Auslage. Man kann handeln, übrigens auch in manchen Läden mit Neuware, allerdings darf man sich glücklich schätzen, wenn man zehn Prozent Rabatt herausgeschlagen hat. Wer weiter runtergeht, hat etwas zu verbergen.

Am Tag der Abreise lohnt meist noch ein Einkauf von frischer Pasta oder von ausgefallenem Brot für zu Hause. Oder ein Besuch auf einem der Märkte, von denen der Fischmarkt auf dem »Campo Pescaria« unweit der Rialto-Brücke noch am urtümlichsten ist. Ihn hat schon Ernest Hemingway bewundernd beschrieben: »Er ging durch eine Gasse und war auf dem Fischmarkt. Auf dem Markt lagen die schweren Hummer mit den magenta-roten Obertönen, die bereits ihren Tod im siedenden Wasser ankündeten, auf dem glitschigen Steinboden ausgebreitet oder in Körben oder in Kisten, die mit Henkeln aus Tauen versehen waren... Da gab es viele Aale, die noch lebten, aber nicht mehr dreist auf ihr Aaltum vertrauten. Es gab schöne Garnelen, aus denen sich ein »scampi brochetto« machen ließ, aufgespießt und geröstet auf einem degenartigen Instrument, das man wie einen Brooklyner Eisspieß benutzen konnte. Es gab mittelgroße Krebse, grau und schillernd, die auch ihrerseits auf das siedende Wasser und ihre Unsterblichkeit warteten, und deren ausgepulte Schalen dann doch bei Ebbe leicht auf dem Canal Grande hinausschwemmten.«

Zurück an der Piazza San Marco können wir uns überlegen, wie wir den Abend einläuten. Einen »Campari Bitter« in der Bar vom Uhrturm, die zwar nicht so edel ist wie das »Florian« oder das »Quadri« unter den Arkaden, dafür aber mit flippigerem Volk belebt? Man steht und schwätzt und zahlt an der Kasse, bevor man bestellt – das gilt für alle Bars, in denen man schnell einen Café oder ein Panino, das kleine belegte Brot, im Stehen nimmt. Oder einen Kaffee in der Halle des Hotels »Danieli«? Das ehrwürdige Hotel an der Riva Degli Schiavoni direkt am Canale di San Marco lohnt wegen seiner prachtvollen Ausstattung einen Kurzbesuch, zum Wohnen ist es nahezu unerschwinglich. Oder entscheiden wir uns in der Stunde des Aperitifs doch für die legendäre »Harry's Bar« in der Calle Valleresso, zwanzig Schritte von der Piazza entfernt? Dort müssen wir selbstverständlich den ebenso legendären Bellini-Cocktail probieren. Er besteht aus pürierten weißen Pfirsichen, die nach einem Geheimrezept abgeschmeckt werden, und wird mit Prosecco, auf Wunsch auch mit Champagner aufgegossen. Das Restaurant im ersten Stock (nur nach Voranmeldung) ist vielfach ausgezeichnet. Nicht im Sinne von prämiert gilt dies auch für viele der kleinen Restaurants, die abends schmackhafte Nudel- und Fischgerichte zu durchaus erschwinglichen Preisen anbieten. Man muß in den kleinen Seitengassen nur ein wenig suchen.

Wer danach noch auf ein Nachtleben hofft, wird in Venedig enttäuscht. Die Stadt, in der die Kurtisane zu Zeiten der Dogen einem ehrbaren Beruf nachging, hat fast kein Nightlife. Es gibt ein paar Nachtclubs, die eher Diskotheken sind. Und der Absacker-Drink wird meistens in den allerdings oft lange belebten Bars der Hotels genommen.

Immerhin fällt dann das Aufstehen am nächsten Morgen nicht so schwer, wenn es vielleicht zu einer Exkursion auf eine der Inseln um Venedig herum gehen soll.

Da wäre zunächst einmal Burano, deren etwa 5000 Einwohner vom Fischfang und von den Tagestouristen leben. Denen bieten sie angeblich »handgeklöppelte« Spitzenwäsche an, die meist aus dem Fernen Osten kommt. Denn der Beruf der Spitzenklöpplerin kommt auch hier immer mehr aus der Mode. Handgedreht und mundgeblasen wird das Glas auf der Nachbarinsel Murano zwar noch, aber auch dort ist das Geschäft zur Riesen-Abkoche zahlungswilliger Besucher geworden. Die Massen, die dort gefertigt werden, schwappen auch in die Läden rund um den Markusplatz. Die meisten Dinge sind Nippes. Es gibt aber auch formschöne Vasen insbesondere von jungen Glasbläsern, die sich alter Tugenden besonnen haben.

Die wichtigste Insel in Venedigs Umgebung bleibt der Lido mit seinen Stränden und den Prachthotels. In einem von ihnen, dem Grand Hotel des Bains, verfilmte Visconti Thomas Manns »Tod in Venedig«. Überhaupt spielt das Kino in der Stadt keine unwesentliche Rolle. Einmal im Jahr gibt es im Kinopalast, im Hotel Excelsior und dem Casino den großen Staraufttrieb, nämlich dann, wenn das Filmfestival eröffnet wird. Seit 1932 findet es jeweils zwischen Ende August und Anfang September statt und hat mit den französischen Filmfestspielen den besten und mondänsten Ruf der Welt. »Das ganze Festival«, schreibt die amerikanische Schriftstellerin Erica Jong in ihrem Roman »Serenissima«, »ist ein Musterbeispiel für Massenpsychose. Wie eine Menge sich um eine Möchtegern-Berühmtheit schart... Man hatte mich eingeladen, Mitglied der Jury des Filmfestivals zu sein... Man wußte, daß ich bleiben würde, um einen Film über Venedig zu drehen – und das verlieh meiner Anwesenheit zusätzliche Würze, denn Venedig liebt erklärtermaßen alles Venezianische. Es erstaunt nicht, daß Venedig vor allem wegen seiner Spiegel und Gläser bekannt ist, denn Venedig ist die narzißtischste Stadt der Welt, die Stadt, die die Selbstbespiegelung verherrlicht.«

Das ist hart – und auch so nicht ganz richtig. Wäre alles nur so flüchtig wie ein Spiegelbild, hätte Venedig nicht über Jahrhunderte seine Anziehungskraft behalten; es hätte sich auch nicht – bei drohendem Untergang – so viel an Geschichte erhalten. Denn im Spiegel interessiert doch nur das aktuelle Bild. Nicht etwa so etwas wie der kleine jüdische Friedhof auf dem Lido, der im 14. Jahrhundert angelegt wurde, oder die Kirche San Nicolò ganz in der Nähe, die aus dem 11. Jahrhundert stammt. Erst auf der Rückfahrt vom Lido im Vaporetto fällt uns ein, warum uns San Nicolò so bekannt vorgekommen ist. Es fährt tatsächlich das Motoscafo eines Beerdigungsunternehmers vorbei, allerdings ohne Sarg, denn beerdigt wird in Venedig nur vormittags. San Nicolò kennen wir aus einem Film, in dem Donald Sutherland einen Kirchenrestaurator spielt. Der Film, in dem ein rotbemäntelter Mörder-Zwerg in den Gassen von Venedig keine unbedeutende Rolle spielt, heißt »Wenn die Gondeln Trauer tragen«. Wenn der Nebel jetzt noch dichter wird, zieht sich der Weg ins Hotel in die Länge und der kalte Hauch der Vergänglichkeit in Venedig könnte einen für den Moment ein bißchen ängstlicher machen.

Was schauen wir an?

Das auf den ersten Blick unübersichtliche Venedig erschließt sich Ihnen schnell – wenn Sie nicht alles auf einmal sehen wollen. Und wenn Sie zu Fuß gehen

Von Venedig«, schrieb der Geheimrat Johann Wolfgang von Goethe schon 1786 in sein Reise-Tagebuch, »von Venedig ist schon viel erzählt und gedruckt, daß ich mit Beschreibung nicht umständlich sein will, ich sage nur, wie es mir entgegenkömmt. Was sich mir aber vor allem andern aufdringt, ist abermals das Volk, eine große Masse, ein notwendiges unwillkürliches Dasein.« Diesem Volk sollten Sie als Venedig-Besucher nacheifern. Venezianer, hat ein kluger Statistiker berechnet, gehen pro Tag zwei Stunden zu Fuß durch die Gassen und Winkel ihrer Stadt. Hier ist das immer noch die beste Art, von A nach B zu kommen. Denn in den meisten Fällen ist der Fußweg, wenn man ihn denn kennt, erheblich kürzer als etwa die Fahrt mit einem Vaporetto von einer Anlegestelle zur anderen. Man muß ja schließlich noch die Wege vom und zum Ponton des Schiffsanlegers mit einrechnen.

Die Seufzerbrücke zwischen dem Dogenpalast und den Bleikammern

Der Fußweg läßt auch am besten ungeplante Erkundungen zu. Hier ein Blick in einen der vielen *corti*, wie die oft malerischen Innenhöfe der Palazzi in Venedig genannt werden, dort ein kleiner Gang in einen der *rami*, wie die oft als Sackgasse endenden Seitenarme der winzigen Straßen heißen – die Wahl hat nur der Fußgänger.

Es soll allerdings nicht verschwiegen werden, daß eine Eroberung Venedigs vom Wasser her auch ihren Reiz hat. Es kann die gemütliche Gondel sein, die Sie – allerdings nicht ganz billig – zu den Höhepunkten der Serenissima schaukelt. Die Gondoliere kennen sich bestens aus – und werden schon keine Umwege fahren, da die Tour ohnehin für eine Dauer von 50 Minuten bezahlt wird.

Viel abwechslungsreicher allerdings ist es, sich Venedig per Linienboot zu nähern. Es hat den Vorteil, daß Sie mit etwas Glück in einem Pulk sympathischer Venezianer stehen, ihren melodiösen Einheimischen-Ton hören und so schon ganz auf die Stadt eingestimmt werden. Und es ist preiswert, weil Sie mit einem einfachen Ticket ziemlich weit kommen.

Am besten geeignet für das Linien-Sightseeing sind die Linien 1 und 2. Die Linie 1 hält öfter als die 2. Sie klappert, von der Piazzale Roma kommend, den Canal Grande ab, hält dann an jedem Anleger entlang des Ufers zum Canale di San Marco und setzt schließlich zum Lido über. Die 2 beginnt an der Rialtobrücke, fährt entgegengesetzt zur 1 über die Anleger San Marcuola, Ferrovia und Piazzale Roma in den Rio Nuove und wieder zurück in den Canal Grande. Über nur fünf weitere Haltestellen geht es schließlich auch bis zum Lido.

Wann man am liebsten unterwegs ist, wird jeder für sich selbst entscheiden. Sicher ist, daß der Markusplatz am Morgen, wenn die ersten Caffès ihre Fenstergitter hochziehen – noch verschlafen also – besonders schön ist. Ein anderer wird ihn aber erst dann mögen, wenn die müden Tauben gegen Mittag zur Fütterung durch tausende Touristen herangeflattert kommen. Trubel und Trance, offensichtliche Pracht und versteckte Schönheit, Berühmtes und Geheimes – Venedig lädt ein!

BRÜCKEN

Eigentlich sind sie ja die wirklichen Wahrzeichen Venedigs, die *ponti*. Denn Brücken halten schließlich die vielen kleinen und kleinsten Inseln der Lagunenstadt zusammen. Wohl 400 Stück – keiner hat sie wirklich je

MARCO POLO TIPS FÜR BESICHTIGUNGEN

1. **Campanile**
   Der Turm, ohne den die Venezianer nicht leben können (Seite 35)
2. **Chiesa Santi Giovanni e Paolo**
   Die mächtige Kirche, in der elf Dogen begraben sind (Seite 28)
3. **Ghetto**
   Ein Stadtviertel, das zu Unrecht etwas abseits liegt (Seite 35)
4. **Giardini Pubblici**
   Endlich einmal Grün in dieser Wasser-Steinstadt (Seite 33)
5. **Goldoni-Denkmal**
   Das Zeichen für einen höchst lebendigen Platz (Seite 22)
6. **Marco-Polo-Haus**
   Müssen wir das in diesem Reiseführer wirklich erklären? (Seite 23)
7. **Piazza San Marco**
   Bitte, welcher von Venedigs Plätzen denn sonst? (Seite 34)
8. **Palazzo Vendramin Calergi**
   Ein Juwel, auch wenn die Kugel nicht rollt (Seite 33)
9. **Rialtobrücke**
   Die Orientierung für alles in Venedig (Seite 19)
10. **Torcello**
    Für Ruhe und Erholung zwischendurch (Seite 25)

gezählt – führen über das Wasser der rund 177 Kanäle. Einst, als es noch Reitersmänner und Ochsengespanne gab, waren die Brücken ebenerdig und aus Holz. Erst später, als diese hölzernen Stege den Bootsverkehr behinderten, wurden sie durch geschwungene Stein-Gewölbe ersetzt. Heute können die Gondoliere stehend unter ihnen durchrudern. Jetzt allerdings hat der Spaziergänger das Nachsehen. Denn im Laufe eines Tages kommen eine ganze Menge Steigungen zusammen. Einige der venezianischen Brücken (wie Accademia oder Rialto) sind wichtige Knotenpunkte, andere (wie die Seufzerbrücke) haben (Welt-)Berühmtheit erlangt.

Ponte dell'Accademia

Eigentlich ist die Brücke immer noch ein Provisorium. Man war sich in den dreißiger Jahren nicht ganz einig, wie man an der Stelle letztendlich die Stadtteile San Marco und Dorsoduro miteinander verbinden sollte. Es hatte zwar seit der Mitte des vergangenen Jahrhunderts dort eine Brücke gegeben, die nach den Plänen des Österreichers A.E. Neville entstanden war, doch genauso wurde tatsächlich im Stadtrat diskutiert, ob der Canal Grande an eben dieser Stelle nicht untertunnelt werden sollte. Mancher Stadtpolitiker, dem gerade nichts anderes einfällt, bringt sogar heute noch das Tunnelprojekt Accademia wieder auf den Plan. Ein praktischer Tip: Bei Regen sind die hölzernen Stufen rutschig, was besonders beim Abstieg nicht ganz ungefährlich ist. (C 5) *Bootslinien 1, 2, 4: Accademia*

Ponte delle Guglie

Die Spitzsäulenbrücke, kenntlich an den vier Obelisken an ihren Enden, führt über den nach dem Canal Grande zweitbreitesten Kanal Venedigs, den Canale di Cannaregio. Sie verbindet die Bahnhofsgegend und den Campo San Geremia mit dem ehemaligen jüdischen Ghetto. Am Fuße der einzigen dreibogigen Brücke der Stadt, die im Jahre 1580 erbaut wurde, gibt es einen kleinen Fisch- und Gemüsemarkt, auf den die Venezianer gern gehen. (B 1) *Bootslinie 5: Ponte Guglie*

Ponte della Paglia

Vor lauter Fotografen kann man hier bisweilen nichts sehen. Denn von dieser Brücke hat man den besten Blick auf eine andere, viel berühmtere: die Seufzerbrücke. Die Ponte della Paglia verbindet die Mole von San Marco mit der Riva degli Schiavoni, an der einst die Dalmatiner, die die Venezianer Slawen *(schiavoni)* nannten, mit ihren Kuttern anlegten, um frischen Fisch zu verkaufen. An einem der Pfeiler befindet sich das Relief »Madonna der Gondolieri« aus dem 16. Jh. (E 4) *Bootslinien 1, 2, 4: Zaccaria*

Ponte di Rialto

★ Die Rialtobrücke verbindet die Stadtteile San Marco und San Polo miteinander. Insoweit ist sie ein Verkehrsknoten – auf jeden Fall für Touristen, was man unschwer an den scheußlichen Souvenirs erkennt, die Händler auf der Brücke verkaufen. Ein wirkliches Handelszentrum war Rialto – heute erinnert nur noch der Gemüse- und Fischmarkt

daran – bereits im 11. Jh. Es war eines der wichtigsten Handelszentren Europas. Der venezianische Dukat galt in der damals bekannten Welt soviel wie heute die Deutsche Mark. In jener Zeit querte eine Pontonbrücke den Canal Grande. Sie wurde 1264 durch eine Holzbrücke ersetzt, der 1310 ein Volksaufstand den Garaus machte. Restauriert brach sie 1444 unter der Hochzeitsprozession der Markgräfin von Ferrara zusammen. Der Versuch, eine Zugbrücke zu installieren, damit auch größere Schiffe den Canal Grande befahren konnten, schlug fehl. Der dann nötig werdende Neubau entstand zwischen 1588 und 1592. Der Architekt Antonio Da Ponte entwarf die 48 m lange und 22 m breite Brücke. Die auf 12 000 in den Kanal-Untergrund gerammten Pfählen gesetzte steinerne Brücke hielt – bis heute. (D 3)
Bootslinien 1, 2, 4: Rialto

Ponti degli Scalzi
Die Steinbrücke, zur selben Zeit wie die Ponte dell'Accademia erbaut, verbindet den Hauptbahnhof mit dem Stadtteil San Polo. Sie markiert den kürzesten Weg ins Zentrum von Venedig. (B 2)
Bootslinien 1, 2, 4, 5: Ferrovia

Ponte dei Sospiri
Ach ja, die Seufzerbrücke. Meistfotografiert, meistbedichtet, verbindet sie den Dogenpalast mit den früheren Gefängnissen, den berüchtigten Bleikammern, in denen auch Giacomo Casanova

Einst wie heute Zentrum des Geschäftslebens: die Rialtobrücke

einsaß und aus denen er spektakulär fliehen konnte. Und weil die Angeklagten nach dem Urteilsspruch seufzend über die Brücke in ihre Zellen schlurften, heißt die Brücke eben Seufzerbrücke. (E 4) *Bootslinien 1, 2, 4: Zaccaria*

Ponte delle Tette

Der Name der Brücke weist darauf hin, daß sich hier mitten in San Polo im 16. Jh. ein Viertel der Sinnenlust befand: Brücke der Brüste. Rund um die Ponte zeigten käufliche Mädchen ihren freigelegten Busen am Fenster – höchstinstanzlich abgesichert. Der Magistrat, heißt es, wollte die jungen Männer so dem weiblichen Geschlecht zuführen. Es war im alten Venedig nämlich schick geworden, homoerotische Neigungen zu zeigen. (C 3) *Bootslinie 1: San Silvestro*

DENKMÄLER

In der an Besichtigungswerten reichen Stadt nimmt es Wunder, daß es fast keine Denkmäler gibt. Das hat sehr viel mit dem Stolz der Venezianer zu tun. Man ließ sich, auch wenn man sich um die Stadt verdient gemacht hatte, kein Denkmal setzen. Viel lieber sahen sich Dogen und Grafen, Kaufleute und Geistliche auf den Bildern der großen Künstler verewigt.

Colleoni-Denkmal

Kunsthistoriker schwören, daß das Denkmal des Bartolomeo Colleoni zu den künstlerisch gelungensten Reiterstandbildern der Kunstgeschichte gehört. Der florentinische Bildhauer Andrea Verrocchio hat es geschaffen. Es erinnert an den Condottiere Bartolomeo Colleoni, der im 15. Jh. als rechter Haudegen in Venedig lebte. In venezianischen Diensten kämpfte er erfolgreich gegen Mailand, verdingte sich dann aber auch immer wieder als Söldnerführer gegen die Lagunenstadt. Das Denkmal bestellte er sich selbst. Bei seinem Tod 1475 vermachte er Venedig ein beträchtliches Vermögen. Das Testament knüpfte er allerdings an die Bedingung, daß man ihm vor San Marco ein Denkmal setzte. Zunächst war der Senat verlegen, denn vor der Basilica di San Marco bekamen ja nicht einmal die Dogen ein Denkmal. Doch dann fiel den Senatoren die Lösung ein: Colleoni hatte nicht gesagt, welches San Marco er gemeint hatte. Man stellte das Standbild vor die »Scuola di San Marco« gleich neben der Kirche Santi Giovanni e Paolo. (F 3) *Bootslinie 5: Ospedale Civile*

Gobbo di Rialto

Das heißt: der Bucklige von Rialto. Und der stützt gegenüber der Kirche San Giacomo eine Leiter, die wiederum zu einer kurzen Säule aus ägyptischem Marmor hinaufführt. An dieser Männerfigur aus dem 16. Jh. wurde schon alles mögliche befestigt: Bekanntmachungen und Verordnungen, Gerichtsurteile, Pamphlete und satirische Schriften. Und noch etwas hat den geschichtlichen Ruhm des Buckligen gefestigt: Im Mittelalter endete bei ihm eine Strafstafette, in der Diebe vom Dogenpalast am Markusplatz nackt und unter Peitschenhieben durch die Innenstadt eben bis zum

Gobbo getrieben wurden. (D 3)
Bootslinien 1, 2, 4: Rialto

Goldoni-Denkmal

★ Kaum ein Theaterdichter hat es wie Carlo Goldoni geschafft, die Leute so herzlich über die eigenen Schwächen lachen zu lassen. Der 1707 in Venedig geborene studierte Rechtsanwalt verschrieb sich erst mit 40 dem Theater. Goldoni entwickelte die Commedia dell'Arte konsequent fort. Er riß den Menschen, den Schauspielern sogar im wahren Sinn des Wortes, die Maske vom Gesicht. Detailgenau stellte er das bunte Leben seiner Landsleute dar. Und so wirkt es bis heute wie feine Ironie, daß der leise lächelnde Bronze-Goldoni mitten auf dem Campo San Bartolomeo steht, einem der quirligsten Plätze Venedigs. (D–E 3)
Bootslinien 1, 2, 4: Rialto

FRIEDHÖFE

Nur bis zur Mitte des 19. Jh. war es den Kirchen gestattet, ihre Toten auf den Höfen hinter den Gotteshäusern zu bestatten. Es war noch die Zeit, da die *becchini*, die Totengräber, ihrem düsteren Gewerbe auf handgeschnitzten schwarzverkleideten Gondeln nachgingen. Mit sanftem Ruderschlag überführen sie die Verstorbenen nach dem Hygiene-Beschluß des venezianischen Senats nur noch auf die dem Fondamenta Nuove vorgelagerte Insel San Michele. Heute übernehmen diese Aufgabe lärmende *motoscafi*. Die Totengräber – sie nennen sich nicht mehr *becchini* sondern *sterratori*, was Erdarbeiter heißt – tragen den Sarg vom Anleger in die Kirche und zum Grab, was durchaus ein Weg von einer Viertelstunde sein kann.

Cimitero Comunale

Der städtische Friedhof auf San Michele platzt aus allen Nähten, genauer: aus den Mauern des Friedhofs. Denn weil San Michele einen extrem feuchten Untergrund hat, wollen alle Venezianer ihre Toten in den wabenartigen Nischenplätzen *(oculo)* der Begräbnismauer bestatten, die das Volk ein wenig geschmacklos *fornetti* (kleine Backöfen) nennen. Die Folge: Die Friedhofsmauer zeigt überall Risse. Zum Restaurieren ist kein Geld da. San Michele ist

Fünf Jahre Lieferzeit

Die Gondeln sind eines der Wahrzeichen Venedigs. Es sind hochkomplizierte Boote. Sie bestehen aus 400 bis 500 Kilogramm Holz. Sie haben seit Jahrhunderten eine Länge von 10,85 Meter; die Backbordseite, dort wo der Gondoliere steht, ist 16 Zentimeter länger, sonst könnte er das Gefährt nicht geradeaus rudern. Da alles Handarbeit ist und es nur noch wenig Gondelbauer gibt, muß man fünf Jahre auf eine Bestellung warten. Eine Standardgondel, die Thomas Mann »das seltsame Fahrzeug, aus balladesken Zeiten ganz unverändert überkommen und so eigentümlich schwarz« nannte, bekommt man heute in Venedig nicht mehr unter 30000 Mark.

kein so besuchenswerter Friedhof wie andere in anderen Städten. Allerdings kann der Besucher, wenn er sie sich vom freundlichen Wärter zeigen läßt, ein paar prominente Gräber finden. Im orthodoxen Teil liegen Serge Diaghilew (seit 1929), Manager des russischen Balletts, und sein Freund, der Komponist Igor Strawinsky (seit 1971). Im evangelischen Teil fand der amerikanische Dichter Ezra Pound (seit 1972) seine letzte Ruhe. (O) *Bootslinie 5: Cimitero*

Cimitero Israelitico

Der eher unscheinbare jüdische Friedhof liegt am Lido, ganz in der Nähe der Kirche San Nicolò. (O) *Bootslinie 14: Lido San Nicolò*

HÄUSER

In einer Stadt, die jahrhundertelang mit Stolz auf ihren Reichtum verweisen konnte, wimmelt es von – auch privaten – Palästen. Trotzdem gibt es einige Gebäude, die man in dieser Kategorie nicht einordnen kann.

Ausstellungspalais

Das Gelände der internationalen Kunstbiennale im Stadtteil Castello lohnt auch außerhalb der Biennale einen Besuch. Und zwar wegen der besonderen Architektur einiger Pavillons, die zur Zeit ihrer Errichtung durchaus Experimente in einer sonst ja architektonisch eher konservativen Stadt waren. Joseph Hoffmann, Mitbegründer der Wiener Werkstätten (1870–1956) baute 1933 den österreichischen Pavillon. Der Holländer Gerrit Th. Rietveld (1888–1964) schuf 1954 den niederländischen Pavillon. Sehenswert darüber hinaus: Venezuelas Pavillon (auch aus dem Jahr 1954) von Carlo Scarpa (1906–78) und Finnlands Pavillon von 1956, den der über neunzigjährige Designer und Architekt Alvar Aalto entwarf. (O) *Bootslinien 1, 5: Giardini Esposizione*

Fondaco dei Tedeschi

Das 1508 fertiggestellte Haus war einst Warenlager für deutsche Kaufleute. Tizian und Giorgione hatten die Fassade mit Fresken verziert, die heute nicht mehr sichtbar sind. Ein Fragment der Fresken befindet sich in der Galleria dell'Accademia. In dem Gebäude gleich hinter der Rialtobrücke hat seit vielen Jahren die Hauptpost ihren Sitz. (D–E 3) *Bootslinien 1, 2, 4: Rialto*

Marco-Polo-Haus

★ Das Geburtshaus des großen Reisenden Marco Polo liegt in einem winzigen Innenhof, den man fast übersehen kann. Es trägt die Nummer 5858 im Stadtteil Cannaregio. Polo, der berühmte venezianische Kaufmannssohn, bereiste im 13. Jh. über 20 Jahre den Fernen Osten und schrieb anschließend sein berühmtes Buch »Il Milion«, das heute in seiner ganzen Systematik auch von der Wissenschaft ernstgenommen wird. (E 3) *Corte Il del Milion, Bootslinien 1, 2, 4: Rialto*

Mulino Stucky

Einst Zeichen des Fortschritts, weiß Venedig heute nicht so recht, was es mit dem mächtigen neugotischen Ziegelbau der 1882 auf der Insel Giudecca

Burano und die anderen Inseln in der Lagune sind ruhiger als Venedig

errichteten Stucky-Mühle anfangen soll. Über eine Verwendung der Ruine aus den Zeiten der industriellen Revolution, vielleicht als Kulturzentrum, ist nicht entschieden. (O) *Bootslinien 5, 8: Sant'Eufemia*

Prigioni
Der Renaissancebau hinter dem Dogenpalast wurde zwischen 1560 und 1614 als Staatsgefängnis gebaut, weil der alte Kerker unter dem Palast zu eng geworden war. In den berüchigten Bleikammern des neuen Gefängnisses mußte auch Casanova einsitzen. (E 4) *Riva degli Schiavoni, Bootslinien 1, 2, 4: San Zaccaria*

Tintoretto-Haus
Eher schmucklos wirkt das Haus, in dem der große Jacopo Tintoretto lebte und am 31. Mai 1594 starb. Denn seine Bilder sieht man hier nicht, dafür hängen sie sonst überall – viele auch in der nahen Kirche Madonna dell' Orto. (C 1) *Fondamenta dei Mori, 3399, Bootslinie 5: Madonna dell' Orte*

INSELN

Burano
Die Männer sind Fischer, die Frauen Spitzenklöpplerinnen. Dies galt vor 100 Jahren für Burano. Es gilt auch heute noch. Nur eine gehörige Portion

Fremdenverkehr ist auf der wegen seiner malerischen Motive einst zur Künstlerkolonie gewordenen Insel hinzugekommen. Über die Kunst des Spitzenklöppelns gibt eine ständige Ausstellung im »Consorzio Merletti« erschöpfend Auskunft. Man fährt eine Dreiviertelstunde von Venedig. (O) *Ausstellung tgl. außer Mo 9–18 Uhr, Eintritt 2000 Lit., Bootslinie 12 vom Fondamente Nuove*

Murano

Auf der Glasbläserinsel gibt es im Vetrario eine ständige Ausstellung über die Glasbläserei (siehe Museen). (O)

San Francesco del Deserto

Diese zauberhafte Laguneninsel, auf der der Heilige Franziskus von Assisi bei seiner Rückkehr aus dem Heiligen Land Station gemacht hat, kann man nur mit dem Privatboot von Burano aus erreichen. Lediglich im Sommer fährt die Linie 19 das Eiland an. Das auf der Insel befindliche Kloster lassen die Mönche zwischen 9 und 11 sowie zwischen 15 und 18 Uhr für Besucher offen. Eintritt wird nicht erhoben, aber eine Spende wird schon erwartet. (O)

San Lazzaro degli Armeni

Die stille Insel, auf der im Mittelalter Pestkranke gepflegt wurden, gilt heute als geistiges Zentrum der über die ganze Welt verstreuten Armenier. Zwölf Mönche pflegen in ihrem Kloster armenische Kultur. Interessierten Besuchern zeigen die Patres gern ihre Sammlung mit über 4500 antiken Manuskripten. Vom Zauber der Insel und von ihrer Ruhe ließ sich beispielsweise auch der englische Dichter Lord Byron überzeugen. (O) *Führungen Do und So 15 bis 17 Uhr, Eintritt frei, Bootslinie 10*

Torcello

★ Die Insel lohnt einen Abstecher, schon deshalb, weil man sich quasi an der Wiege Venedigs befindet. Denn von Torcello aus wurden die anderen Laguneninseln besiedelt. Sehenswert ist die Kathedrale Santa Maria Assunta. Sie wurde 639 errichtet und ist das älteste Baudenkmal der ganzen Lagune. Achten Sie besonders auf den farblich sehr reizvollen Mosaikfußboden. Schließlich gibt es für Genießer noch den ganz großen Grund, nach Torcello zu schippern: die wunderbare »Locanda Cipriani« (siehe Restaurants/Hotels). (O) *Kathedrale tgl. 10 bis 12.30 und 14–17 Uhr, Eintritt 1000 Lit. Bootslinie 12, ab Fondamente Nove*

KIRCHEN

Es hieße, Tauben auf den Markusplatz tragen, wollte man zur Erklärung ansetzen: Venedig ist eine Stadt der Kirchen. Natürlich, man begegnet ihnen an allen Ecken und Enden. 120 sollen es sein, sagen die Kirchenverbände. Da ist es unmöglich, auch nur annähernd einen Überblick zu geben. Auch in manche kleine Kirchen lohnt bisweilen ein Blick. Denn die großen venezianischen Maler haben überall ihre Spuren hinterlassen. Da kann es vorkommen, daß ein herrlicher Bellini, Tizian oder Tintoretto so einfach im Seitenschiff hängt. Die Kirchen haben

Der Barbier von San Marco

So etwas gibt es wahrscheinlich nur in Venedig: einen dichtenden Friseur. Angelo Guarraia hat im Stadtteil San Marco, in der Calle dei Stagneri o de la Fava Nr. 5233 (E 4) ein winziges Friseurgeschäft mit nur einem Frisiersessel, an dem er selber steht. Und Angelo Guarraia hat hinten im Laden einen Schreibtisch, an dem er dichtet. Mehrere Bücher sind bereits erschienen. Manchmal rezitiert er beim Haarschneiden während der Öffnungszeiten 8.30 – 12.30 und 15.30 – 19.30 Uhr. Anmelden kann man sich nicht. Geschlossen hat Angelo Guarraia wie andere Friseure am Montag.

für Besucher zwischen 9 und 12 sowie von 15 bis 18 oder 19 Uhr geöffnet. Während der Gottesdienste sollten Touristen vor der Tür bleiben. Und auch in der Wahl der Kleidung sollten sie sich den Gepflogenheiten in einem Gotteshaus anpassen. In den großen und bekannten Kirchen stehen elektrische Apparate, die gegen den Einwurf einer 100-Lire-Münze in vier Sprachen einen historischen Abriß über die Entwicklung der Kirche und Hinweise auf Besonderheiten geben.

Basilica di San Marco

Der zynische Mark Twain mochte sich vor dem Portal der Basilika nicht in die Reihe der Bewunderer aus Jahrhunderten stellen, die mit immer neuen Worten die Pracht am Markusplatz zu würdigen versuchten. »Sie gleicht einem riesigen, warzenbedeckten Käfer, der sich auf einem besinnlichen Spaziergang befindet«, meinte Twain gehässig. Nun, der Käfer, wenn es denn einer wäre, hätte 2463 Beine. Denn genausoviele Säulen aus Porphyr, Granit und Marmor tragen die Mauern des Markusdoms. Und das ist nur die erste von vielen beeindruckenden Zahlen im Zusammenhang mit diesem Gotteshaus. Die Beschreibung der ganzen Pracht muß punktuell bleiben. 4000 Quadratmeter Mosaiken, die ältesten aus dem 11. Jh., bilden die zweitgrößte Mosaikfläche der Welt (nach der von Monreale auf Sizilien) und brachten dem Gotteshaus den Beinamen »Basilica d'Oro« (Goldene Basilika). Gold glitzert bei dem in der Welt einzigartigem goldenen Altarbild »Pala d'Oro«, das hinter dem Altar gezeigt wird. Vor der Plünderung durch Napoleon bestand das heute immer noch reiche Bild aus 1300 Perlen, 400 Granaten, 90 Amethysten, 300 Saphiren, 300 Smaragden, 100 Rubinen, vier Topasen und aus jeder Menge Gold und Silber. Ebenso einzigartig wie die Pala sind die vier römischen Pferde aus vergoldeter Bronze, die vor einiger Zeit auf Welttournee waren und nun aus Gründen des Schutzes vor Umweltschäden wieder in einem Nebenraum der Markuskirche untergebracht sind. Es ist die einzig erhaltene Quadriga aus der Antike. (E 4)
Kirche: Tgl. 9.30–17.30 Uhr, So 14–17.30 Uhr, Eintritt frei; Pala

d'Oro und Domschatz: Tgl. 9.30 bis 17.30 Uhr, So 13.30–17.30 Uhr, Eintritt 1000 Lit. bzw. 2000 Lit.; Galerien: Tgl. 9.30–17.30 Uhr, Eintritt: 2000 Lit.; Bootslinien 1, 2, 4: San Marco

Carmini
Hinter dem zweiten Seitenaltar auf der rechten Seite vom 97 m langen Hauptschiff hängt die von Cima da Conegliano wunderschön in eine Hügellandschaft Venetiens verlegte »Anbetung der Hirten« aus dem Jahr 1509. (B 5) *Campo Carmini, Bootslinie 1: Ca' Rezzonico*

Gesuati
Die Barockfassade täuscht. Drinnen ist mit Malern wie Giambattista Tiepolo und Giovanni Battista Piazetta reines Rokoko vertreten. (C 6) *Zattere ai Gesuati, Bootslinien 5, 8: Zattere*

Gesuiti
Ungewöhnlicher Marmor ist für Boden und Treppen verwendet worden. Die Altarstufen in dem im 12. Jh. von den Kamillianern gegründeten und von den Jesuiten Anfang des 18. Jh. so prachtvoll ausgestatteten Gotteshaus wirken wie ein grüngelber Marmorteppich. (E 1–2) *Campo dei Gesuiti, Bootslinie 5: Fondamenta Nuove*

Madonna dell'Orto
Da Jacopo Tintoretto (1518–94) ganz in der Nähe wohnte, zeigt die Kirche zusammen mit der Scuola Grande di San Rocco (siehe Museen) den größten Überblick über Tintorettos Schaffen. An den Wänden hängen zehn großformatige Bilder des Malers, unter ihnen auch sein eindrucksvolles »Jüngstes Gericht«. In der Apsis des Got-

Napoleon nannte den Markusplatz den »schönsten Salon Europas«

teshauses sind Tintoretto und seine Kinder begraben. (D 1) *Fondamenta Madonna dell'Orto, Bootslinie 5: Madonna dell'Orto*

Pietà
Unter dem atemberaubend schönen Deckenfresko »Krönung Mariä« von Giambattista Tiepolo aus dem Jahr 1755 wurden, bevor die Kirche nur noch Gotteshaus war, gestrauchelte Mädchen aufgenommen und in der Kunst des Gesangs unterrichtet – von keinem Geringeren als Antonio Vivaldi. (F 4) *Riva degli Schiavoni, Bootslinien 1, 5: Zaccaria*

Redentore
Aufgrund eines Gelübdes des Senats zur Abwendung der Pest 1577 nach Entwürfen des großen Andrea Palladio gebaut, ist die Kirche alljährlich Ziel einer festlichen Prozession (siehe Veranstaltungen). Hausherren sind die Kapuziner. (O) *Campo Redentore, Bootslinie 5: Redentore*

San Fantin
Die von Jacopo Sansovino 1560 vollendete Renaissancekirche gegenüber dem Theater La Fenice ist besonders hell und freundlich. (D 4) *Campo San Fantin, Bootslinie 1: Santa Maria del Giglie*

San Francesco della Vigna
Die beiden größten Baumeister Venedigs, Andrea Palladio und Jacopo Sansovino, bauten nacheinander bis 1562 an dieser Kirche. (O) *Campo San Francesco, Bootslinie 5: Tana Celestia*

San Geremia
Die Kirche ist ein Wallfahrtsort gläubiger Christen, weil sie die Reliquien der heiligen Lucia beherbergt. (B 2) *Campo San Geremia, Bootslinien 1, 2: Ferrovia*

San Giorgio dei Greci
In der ältesten und schönsten griechischen Kirche im westlichen Ausland wird allsonntäglich um 11 Uhr ein orthodoxes Hochamt zelebriert. Im Kircheninneren gibt es eine reiche Auswahl byzantinischer und nachbyzantinischer Ikonen, die die Sammlung des benachbarten Ikonenmuseums (siehe Museen) eindrucksvoll ergänzt. (F 4) *Salita dei Greci, Bootslinie 1: Arsenale*

San Giorgio Maggiore
Die Kirche steht wie ein weithin sichtbares Wahrzeichen mitten im Canale di San Marco. Sehenswert sind der reich verzierte, holzgeschnitzte Mönchschor und der Hochaltar von Girolamo Campagna. Im benachbarten Benediktiner-Kloster, dessen Zypressen-Kreuzgang Andrea Palladio zugeschrieben wird, sitzt die Fondazione Giorgio Cini, eine weltweit bekannte Kulturstiftung mit Bibliothek, Studienstiftung und Freilichttheater. (F 6) *Bootslinie 5: San Giorgio*

Santi Giovanni e Paolo
★ Bei dem ganzen Prunk der anderen Kirchen Venedigs wirkt dieses Gotteshaus erholsam klar und einfach, wenn auch ziemlich mächtig. Das Schiff faßt viel Kirchenvolk, so daß man sich bei einem Besuch am frühen Morgen fast ein wenig verlassen vorkommt. Die Venezianer, die Abkürzungen lieben, verniedlichen den Namen der großen Kirche, in der allein elf Dogen beigesetzt sind, gern zu »San Zani-

polo«. Direkt hinter ihr beginnt das Gelände des Allgemeinen Krankenhauses von Venedig. (F 3) *Campo Santi Giovanni e Paolo, Bootslinie 5: Ospedale Civile*

San Giovanni Crisostomo

Vor dem Portal befinden sich die für Venedig typischen Brunnenbrüstungen mit steinernen Blumengehängen und Löwenköpfen aus dem 15. Jh. (E 3) *Campo San Giovanni Crisostomo, Bootslinien 1, 2: Rialto*

Santa Maria Gloriosa dei Frari

Wer die »Frari« betritt, findet ziemlich bald auf der rechten Seite das Grabdenkmal Tizians. Als der große Maler 1576 an der Pest starb, setzten sich die das Gotteshaus betreibenden *frari* – das sind Franziskaner-Mönche – über das Senatsverbot hinweg, Pesttote in Gotteshäusern zu begraben. Insgesamt ist die Kirche ein halbes Tizian-Museum, was den Eintritt von 2500 Lit. rechtfertigt. (B 4) *Campo dei Frari, Bootslinien 1, 4: San Tomà*

Santa Maria dei Miracoli

In der vollkommen stilrein erhaltenen Renaissance-Kirche werden mit Vorliebe Ehen geschlossen. Was übrigens auch Paaren aus Deutschland, Österreich und der Schweiz möglich ist. Sie müssen sich schriftlich an die »Sposarsi a Venezia« (Casella Postale 18, Venezia) wenden. Von dort kommen dann die Unterlagen. (E 3) *Campo Miracoli, Bootslinien 1, 2, 4: Rialto (ist dann aber noch ein schöner Fußmarsch)*

Die Tetrarchen am Tesoro di San Marco

Nicht nur Gondolieri singen

Mit großem neuem Stolz lernen heute wieder mehr Bürger Venedigs die venezianische Sprache. Sie unterscheidet sich in der Bedeutung von Worten, vor allem aber im Ton deutlich vom Italienischen. Das Venezianische ist eine melodische, sanfte Sprache. Wer Gelegenheit hat, einem Gespräch unter Venezianern zuzuhören, sollte dies tun, auch wenn er kein Wort versteht. Vielleicht bei einer *ombra* – dem Wort, das man auch im übrigen Italien nicht für ein kleines Glas Wein vor dem Essen benutzt. *Ombra* ist typisch Venezianisch: Es heißt eigentlich, den wirklichen Sinn verschleiernd, Schatten.

Santa Maria della Salute

An das Pestgelübde Venedigs, aufgrund dessen die Kirche auf über eine Million Holzpfähle an die Spitze des Stadtteils Dorsoduro gestellt wurde, erinnert eine jährliche Prozession am 21. November über das Wasser (siehe Veranstaltungen). Allein Tintorettos »Hochzeit zu Kana« ist ein Übersetzen und ein andächtiges Verweilen wert. (D 5) *Campo della Salute, Bootslinie 1: Salute*

San Nicolò al Lido

Es sind Teile eines Mosaikfußbodens aus dem 11. Jh. erhalten. In San Nicolò nahmen die Dogen nach ihrer Vermählung mit dem Meer an einem feierlichen Hochamt teil. (O) *San Nicolò, Bootslinie 14: Lido San Nicolò*

San Polo

Der Platz vor der Kirche ist besuchenswert. Würdige Palazzi umstehen ihn. (C 3) *Campo San Polo, Bootslinie 1: San Silvestro*

Die Chiesa Santa Maria della Salute wurde aufgrund eines Gelübdes errichtet

Jedes Haus hat eine Nummer

Postbote möchte man in Venedig nicht sein. Zu verwirrend ist das Gewirr der Gassen. Und die Hausnummern begreife, wer will! Nach einem nicht nachzuvollziehenden System haben die Venezianer die Häuser in jedem ihrer Stadtteile durchnumeriert. Auf die Straße kommt es dabei nicht an. Die wiederum kann so viele Bezeichnungen haben, daß einem schwindelig wird: calle, calletta, callesella, calle larga, strada, lista, ruga, rughetta, salizzade, rio terà, rami, sottoportego, fondamenta, riva... Noch Fragen nach dem Weg?

San Salvatore
Ein wunderschönes Bild lockt in diese Kirche: die »Verkündigung«, ein Spätwerk Tizians, das dieser im Alter von 76 Jahren vollendete. (D–E 4) *Campo San Salvatore, Bootslinien 1, 2: Rialto*

San Sebastiano
Dies ist die Kirche des Malers Paolo Veronese. In der Sakristei hängt sein Bild »Krönung Mariens« aus dem Jahre 1555. Das Deckengemälde von ihm im Hauptschiff erzählt die Esther-Legende. Zur Sebastians-Legende gehören die beiden Fresken auf der Nonnenempore. Und schließlich: Links vor der Hauptkapelle liegt der 1588 verstorbene Künstler begraben. (A 5) *Fondamenta San Basegio, Bootslinien 5, 8: San Basilio*

San Zaccaria
In dem aus unterschiedlichen Stilrichtungen ziemlich zusammengewürfelten Bau überzeugen lediglich die drei gotischen Schnitz-Altäre in der Capella di San Tarasio und die darunter liegende dreischiffige Krypta mit Kreuzgewölbe aus dem 9. Jh. (F 4) *Campo San Zaccaria, Eintritt für die Cappella: 1000 Lit., Bootslinien 1, 2, 4: Zaccaria*

Scalzi
Die Kirche liegt am nächsten zum Bahnhof, am Fuße der gleichnamigen Brücke in die Innenstadt. Karmeliter ließen sie zwischen 1670 und 1680 von Baldassare Longhena bauen. (A–B 2) *Fondamenta degli Scalzi, Bootslinien 1, 2: Ferrovia*

LIDO

Venedigs Strand ist im Sommer stets ziemlich überlaufen. Der Lido ist 12 km lang. Bekannt ist er wegen seiner Luxushotels, wegen des Spielcasinos und wegen des Filmfestivals (siehe Veranstaltungen). (O) *Bootslinien vom Bahnhof und von der Piazzale Roma 1, 2; von der Piazzale auch noch die Ferry-Boote 14, 17; von der Riva degli Schiavoni 4, 6; im Sommer verkehren zusätzlich die Linien 18, 20, 21, 28*

PALÄSTE

Ein vollständiger Überblick über die *palazzi* genannten venezianischen Adels- und Prachtbauten ist schlechterdings unmöglich. Nicht einmal die Venezianer selber haben sich die Mühe gemacht, sie zu zählen. Hier sollen deshalb ein paar Paläste vorgestellt werden, die woanders nur kurz oder gar nicht erwähnt wurden, aber durchaus sehenswert sind.

Palazzo Ca' d'Oro

Auch wer sich für Museen überhaupt nicht interessiert und deshalb die reiche Galleria Franchetti (siehe Museen) zu seinem eigenen Schaden schnöde ausläßt, sollte auf seinen Spaziergängen einen Blick auf und in diesen Palast werfen. Er wurde in jahrelanger vorbildlicher Restaurierungsarbeit wieder hergestellt. Nur das Gold, das dem Haus seinen Namen gibt, wurde nicht wieder aufgelegt. Dafür überzeugt das feinziselierte Mauerwerk der Fassade direkt am Canal Grande. (D 2) *Bootslinien 1, 2: Ca' d'Oro.*

Palazzo dei Camerlenghi

Der stolze Renaissancebau entstand zwischen 1525 und 1528 als einer der wichtigen Bauten der Republik Venedig. Der direkt am Canal Grande gelegene Palast beherbergte nämlich das Finanzgericht. Die ehrbaren Kaufleute von Venedig verfolgten Finanzvergehen mit großer Härte. Die meist hohen Haftstrafen wurden im selben Gebäude vollstreckt. Im Erdgeschoß befand sich das Schuldner-Gefängnis. (D 3) *Bootslinien 1, 2, 4: Rialto.*

Palazzo Cappello

Zu diesem Bau gibt es eine herzergreifende Liebesgeschichte, wie sie die Italiener so gern haben. Aus diesem Haus wurde im frühen 16. Jh. die fünfzehnjährige Bianca Cappello von einem Bankier nach Florenz entführt, der sie heiratete. Als der Mann ermordet wurde, nahm Francesco de Medici Bianca zur Geliebten. 1587 wurde das heimliche Paar vergiftet. Der Täter konnte nicht ermittelt werden. (D 3) *Calle Bianca Cappello, Bootslinie 1: San Silvestro*

Palazzo Contarini del Bovolo

Die schneckenförmige Wendeltreppe in einem runden Turm des Innenhofs, die oft fotografiert wird, gab dem Palast den Namen. Denn Schnecke heißt *bovolo.* (D 4) *Calletta Contarini del Bovolo, Bootslinien 1, 2, 4: Rialto*

Palazzo Ducale

Der Palast der Paläste! Venedigs martialisches Zeichen der Macht! Das Haus der Dogen! Der Dogenpalast mißt 75 m an der West- und 71,5 m an der Südfassade. Durch die gotische »Porta della Corta« betritt man den Innenhof mit der Freitreppe »Scala dei Giganti«, auf der die neu gewählten Dogen feierlich inthronisiert wurden. Innen ist der Dogenpalast heute ein einziges Museum. In den verschiedenen Räumen sind alle großen Maler Venedigs vertreten. Besonders beachtenswert der Dekkenfries im Saal des Großen Rats mit 76 Dogenporträts, gemalt von Jacopo Tintoretto und seinem Sohn Domenico. Aus der Zeit zwischen dem 7. und 16. Jh. fehlt nur ein Doge, der allerdings deutlich sichtbar. Denn sein Bildnis ist geschwärzt. Die Aufschrift erklärt in Latein: »Dies ist der Platz des wegen Verbrechens enthaupteten Marin Faliero.« Faliero hatte 1354 die Alleinherrschaft in Venedig an sich reißen wollen und war dafür verurteilt worden. Das ge-

Im Dogenpalast entfalteten sich Macht und Pracht der Stadtrepublik

schwärzte Porträt sollte allen Dogen Warnung sein, die stolze Republik nicht als Eigentum zu betrachten. (E 4) *Tgl. 8.30–14 Uhr, Piazzetta San Marco, Eintritt: 5000 Lit., Bootslinien 1, 2, 4: San Marco*

Palazzo Giustinian
Die breite Fassade verdeckt, daß dieser Palast aus zwei durch eine sehr schmale Gasse getrennten Gebäuden besteht. Im rechten Palais komponierte Richard Wagner im Winter 1858/59 den zweiten Akt seiner Oper »Tristan und Isolde«. (C 5) *Bootslinien 1, 2: Accademia.*

Palazzo Labia
Wieder beeindruckende Malerei: Die Fresken im Festsaal des 1. Stocks schuf Giambattista Tiepolo um das Jahr 1757. Heute hat der venezianische Ableger der staatlichen Rundfunk- und Fernsehanstalt RAI hier seinen Sitz. (B 2) *Bootslinien 1, 2, 4: Ferrovia.*

Palazzo Vendramin-Calergi
★ Der Bau ist ein vollendetes Beispiel für den lombardischen Baustil am Anfang des 16. Jh. Seit dem Sommer 1882 wohnte der Komponist Richard Wagner hier mit Familie und Dienerschaft, hier starb er auch am 13. Februar des folgenden Jahres. Der Palazzo ist einen Besuch auch für den wert, der nicht vorhat, das dort im Winter untergebrachte Spiel-Casino (siehe Unterhaltung) zu besuchen. (C 2) *Bootslinie 1: San Marcuola*

PARKS

Venedig ist wirklich nicht gesegnet mit Grünflächen. Es gibt ein paar Hotels mit begrünten Innenhöfen, die man allerdings mit der Lupe suchen muß. Wer Grün sehen will, hat im Grunde nur drei Möglichkeiten.

Giardini Pubblici
★ Der »Öffentliche Park« mit dem Gelände der Kunstbiennale hat schöne Wege, viele Ruhebänke und eine Büste des in Venedig verstorbenen Richard Wagner. (O) *Via Giuseppe Garibaldi, Bootslinien 1, 4: Giardini Esposizione*

Giardino Papadopoli
Der winzige Park gegenüber der Piazzale Roma ist leider sehr laut. (A 3) *Fondamenta Papadopoli, Bootslinien 1, 2, 5: Piazzale Roma*

Parco delle Rimembranze
Wenn es auch nur wenige Wege gibt, ist diese Grünfläche auf der

dem Castello vorgelagerten Insel San Elena vielleicht die beste Möglichkeit, ein wenig zu verschnaufen. (O) *Viale Vittorio Veneto, Bootslinien 1, 2: Elena*

PLÄTZE

Die *campi* sind eine weitere Spezialität Venedigs. Nach Irrwegen durch enge Gassen kommt der Spaziergänger meist unvermutet auf einen lichten Platz, an dem oft eine Kirche steht. Die *campi* spielen für die Einheimischen noch heute eine wichtige Rolle, sie sind Nachrichtenbörse und Treffpunkt zugleich, Kinderspiel- und Fußballplatz, schließlich Tummelplatz der Katzen, die zu Venedig gehören wie das Wasser der Lagune. Man holt einander nicht zu Hause ab, man trifft sich auf dem Campo Soundso.

Campo San Bartolomeo
Nur zur Erinnerung: An vielen Stellen schon erwähnt, ist der Platz mit dem Goldoni-Denkmal der quirligste der ganzen Stadt. (E 3) *Bootslinien 1, 2, 4: Rialto*

Campo San Luca
Der Platz liegt ungefähr auf halbem Wege zwischen Markusplatz und Rialtobrücke. Ringsherum findet man ein richtiges kleines Geschäftszentrum. (D 4) *Bootslinien 1, 2, 4: San Marco oder Rialto*

Campo Santa Maria Formosa
Auf dem Platz, auf dem heute Trödler ihre Waren anbieten, fanden früher sogar Stierrennen statt. (E 3) *Bootslinien 1, 2: Zaccaria*

Campo San Polo
Bänke unter Bäumen laden hier vor allen Dingen bei großer Hitze zu einer Verschnaufpause ein. (C 3) *Bootslinie 1: San Silvestro*

Piazza San Marco
★ Dies ist sicher der meist besuchte Platz der Stadt. Was es alles zu sehen und zu erfahren gibt, steht an vielen anderen Stellen in diesem Buch. Richtig zauberhaft wird der Markusplatz, wenn die Schatten am späten Nachmittag länger werden und die untergehende Sonne ihn nicht selten in rotes Feuer taucht. Dann strahlt auch der Löwe von San Marco wieder auf seiner Säule. Er war zwischen 1985 und 1991 restauriert worden. Und die Piazza wird zu dem, was bereits Napoleon fand: zum »schönsten Salon der Welt«. (E 4) *Bootslinien 1, 2, 4: San Marco*

STADTVIERTEL

Arsenal
Genaugenommen ist dieses Gebiet Venedigs ein Teil des Stadtteils Castello. Aber man kann das Arsenal auch mit Fug und Recht einen Stadtteil nennen. Es ist sogar von einer Mauer umschlossen. Im Arsenal liefen seit dem 12. Jh. Schiffe vom Stapel. Zeitweise war das Arsenal eines der größten Industriegebiete Europas. Vor dem Eingang des 32 Hektar großen Areals hocken vier steinerne Löwen. Eine Kriegsbeute Venedigs aus Griechenland, die darauf hinweist, daß im Arsenal auch Kriegsschiffe gebaut wurden. (O) *Bootslinie 1: Arsenale*

Ghetto

★ Was weltweit zum Synonym wurde, begann in Venedig: das jüdische Ghetto. *Geto* oder *gheto* bedeutet im Venezianischen Metallguß. Im Gebiet ehemaliger Metallgießereien im Stadtteil Cannaregio siedelten sich 1516 die ersten Juden an. Bald schlossen die Venezianer Abend für Abend die Tore des Ghettos zur christlichen Umgebung und ließen sie von Soldaten bewachen, die die Juden auch noch selber entlohnen mußten. Im 17. Jh. lebten bis zu 5000 Juden in Venedig, heute sind es gerade noch ein paar Dutzend. Aber es gibt noch jüdische Geschäfte und das »Museo d'Arte Ebraica«, das die Geschichte des Ghettos dokumentiert. (B–C 1) *Bootslinie 1: San Marcuola*

TÜRME

Markusturm

★ Eigentlich steht das italienische Wort *campanile* für jeden x-beliebigen »Glockenturm«. Aber »der« Campanile für die Venezianer ist der Markusturm. Ohne ihn können sie sich ein Leben in der Stadt nicht vorstellen. Der Beweis: Noch heute teilen die Einheimischen ihre Zeit in eine Zeit vor und nach dem Einsturz ein. Am 14. Juli 1902 war nämlich ihr geliebtes Wahrzeichen einfach eingestürzt. In aller Eile wurde beschlossen, den Turm neu aufzubauen. Am 12. April 1912 konnte er bereits wieder eingeweiht werden. In die Spitze des Markusturms gelangt man zu Fuß oder im Fahrstuhl. Von oben haben Sie einen herrlichen Blick über Venedig. (E 4) *Bootslinien 1, 2, 4: San Marco*

Uhrenturm

In blaugoldener Farbigkeit weist der Uhrenturm an der Nordseite des Markusplatzes den Weg in die Einkaufsstraßen Venedigs. Ein Zifferblatt im ersten Stock zeigt Stunden, Mondphasen und Sternzeichen an. Auf der Dachterrasse, die man schon wegen des Blickes ersteigen sollte, wenn sie geöffnet ist, schlagen zwei bronzene Mohren, die 1497 gegossen wurden, die Stunden an. (E 4) *Bootslinien 1, 2, 4: San Marco*

Im Uhrenturm am Markusplatz schlagen zwei bronzene Mohren die Stunden an

WERFT

Die malerischste Gondelwerkstatt Venedigs heißt »Aquero di Trovaso«. Sie liegt im Dorsoduro. Die »kleine Schiffswerft« *(squero)* am Rio San Trovaso stellt die wunderbar durch Venedig gleitenden Gefährte noch in Handarbeit her. (B 5) *Bootslinien 5, 8: Zattere*

Zwei Stunden im Museum

Die Museen und Sammlungen der Lagunenstadt zeugen von der Bedeutung, Geschäftstüchtigkeit und Weltläufigkeit der Venezianer durch Jahrhunderte

Die Selbstverständlichkeit, mit der Venedig Kunst von Weltrang beherbergt, kann kaum eine Stadt der Welt vorweisen. Für das, was hier in kleinen Kirchen und Palästen an Bildern hängt oder an Statuen steht, würde mancher Bürgermeister einer anderen Stadt sofort ein Museum bauen lassen. Venedig hat das nicht nötig. Spötter behaupten sogar: Die ganze Stadt ist ein einziges Museum. Ganz unrecht haben sie nicht.

Wer nach Venedig kommt und vorhat, sich »mal so eben« einen Überblick über »die paar« Museen zu machen, wird schnell merken, daß sein Versuch zum Scheitern verurteilt ist. Die Museumsvielfalt und der Reichtum in den einzelnen Museen verlangen nach Entscheidungen. Collezione Guggenheim und Galleria dell'Accademia oder Museo Civico Correr und Biblioteca Nazionale Marciana, die herrlichen Gewänder im Fortuny oder die kunstvollen Gläser im Vetrario auf Murano – die Entscheidung fällt schwer. Man wird sich entscheiden, aber den Vorsatz fassen, für das Weggelassene unbedingt wiederzukommen. Neben der Entscheidungsfreudigkeit muß der Museumsbesucher in Venedig mehr als anderswo eine zweite Eigenschaft mitbringen: Geduld. Sehr oft gibt es schon eine Stunde oder zwei vor Öffnung an der Kasse eine Schlange. Venedig-Urlauber, Tagesbesucher, aber auch viele Studenten und oft sogar Venezianer, wenn etwa in den traditionellen Museen Sonderausstellungen sind, stehen um Einlaß an. Und das beileibe nicht nur bei Regen, wenn andere Unternehmungen eher beschwerlich sind. Sehr unterschiedlich sind die Öffnungszeiten der Häuser, was oftmals von der Anzahl des eingesetzten Wachpersonals abhängt. Allerdings kann man sich auf angegebene oder angeschlagene Zeiten verlassen. Die Eintrittspreise der Museen, zu denen auch die Bruderschaftshäuser zählen, die man *scuole* nennt, liegen meist zwischen 2000 und

Traum jedes Büchernarren: Die Biblioteca Nazionale Marciana, hier die Ostfassade

5000 Lire. Einen Ruhetag, in den meisten Fällen den Montag, hat jedes Haus. Und an hohen kirchlichen Feiertagen bleiben die Museen auch geschlossen.

Biblioteca Nazionale Marciana

★ Spätestens seit dem Welterfolg des Kloster-Krimis »Der Name der Rose« aus der Feder des Italieners Umberto Eco weiß man um die Faszination alter Bibliotheken. Die 1537 von Jacopo Sansovino erbaute Nazionale Marciana an der Piazetta San Marco ist eine Fundgrube für Bücherwürmer. Mit ihren heute 900 000 Bänden, 3000 Inkunabeln und 13 000 Handschriften zählt das Haus zu den bedeutendsten öffentlichen Bibliotheken in ganz Italien. Besonderen Eindruck macht das sogenannte Grimani-Brevier. Das mit Miniaturen flämischer Meister reichverzierte Werk besteht aus Pergamentblättern mit humanistischen Texten aus dem 15. Jh. Sie sind in Schaukästen im Obergeschoß der Bibliothek untergebracht. Der große Lesesaal, in dem tatsächlich täglich studiert und geforscht wird, gehört übrigens wegen seiner mangelnden Klimatisierung im Winter zu den kältesten und im Sommer zu den heißesten Plätzen von ganz Venedig. (E 4–5)
Mo–Fr 10–13 Uhr, Piazetta San Marco, Bootslinien 1, 2, 4: San Marco

Casa Goldoni

Carlo Goldoni, Venedigs berühmter Dramatiker, besser: Komödienschreiber, gilt als der Mann, der den Schauspielern am Theater die Maske vom Gesicht gerissen hat. »Die Maske wird das Spiel des Darstellers immer beeinträchtigen. Will er nun Freude oder Schmerz ausdrükken, ob er nun verliebt ist, in Zorn gerät oder scherzt, stets zeigt sich das gleiche bemalte Leder ... Heute verlangt man von dem Schauspieler Seele, und Seele unter der Maske ist wie Feuer unter der Asche.« Goldonis Sätze im Original gehören zu den Ausstellungsstücken im Palazzo Cent'Ani unweit des Canal Grande in San Polo, in dem Goldoni am 23. Februar 1707 geboren wurde (gestorben ist er 1793 im fernen Paris). Seit 1931 ist die umbenannte Casa Goldoni Theatermuseum mit Erinnerungsstücken, Kostümen, Möbeln, Handschriften und Werkausgaben des Komödienautors, der ja auch einige Jahre Theaterdirektor in Venedig war. Heute hat das Institut für Theaterstudien dort seinen Sitz. (C 4)
Tgl. außer So 8.30–13.30 Uhr, Calle dei Nomboli, 2793, Eintritt frei, Bootslinien 1, 4: San Tomà

Collezione Peggy Guggenheim

★ »Ich meine«, so beendet Peggy Guggenheim ihre Memoiren unter dem aufschlußreichen Titel »Ich habe alles gelebt«, »ich meine, wir sollten mit den Genies zufrieden sein, die uns das zwanzigste Jahrhundert beschert hat: Picasso, Matisse, Mondrian, Kandinsky, Klee, Léger, Braque, Gris, Ernst, Miró, Brancusi, Arp, Giacometti, Lipchitz, Calder, Pevsner, Moore und Pollock.« Sie alle hat die Guggenheim gesammelt – und Venedig hinterlassen, als sie 1979 starb und – mit großer Ehrerbietung von den Venezianern so bezeichnet – als »unsere letzte

Dogin« zu Grabe getragen wurde. Zu Lebzeiten war Venedig die Leidenschaft der amerikanischen Millionärin. Und sie sammelte moderne Kunst (manchmal die Künstler dazu). Was da ein einzelner Mensch zusammengetragen hat, ist heute genauso beeindruckend wie damals. Die Guggenheim-Kollektion sollte ganz oben stehen auf Ihrem Venedig-Plan. (C 5) *April bis Okt. tgl. außer Di 11–18 Uhr, Sa 21 Uhr, März bis Nov. Sonderausstellungen, Palazzo Venier dei Leoni, Dorsoduro, 701, Bootslinie 1: Salute*

Galleria dell'Accademia

★ Sie ist schon von außen so etwas wie einer der zentralen Orientierungspunkte der Stadt: die Galleria dell'Accademia. Man überquert den Canal Grande auf der Ponte dell'Accademia, verläßt den Stadtteil San Marco und betritt den mit dem Namen Dorsoduro. Am Fuße der Brücke liegt das Museum mächtig und eindrucksvoll vor einem, meist mit einer Schlange brav wartender Besucher vor dem Portal. Sie wollen die vollständigste Sammlung venezianischer Malerei aus der Zeit zwischen dem 14. und dem 18. Jahrhundert sehen. Alle großen Namen sind in den 25 nach dem Zweiten Weltkrieg vom Architekten Carlo Scarpa restaurierten und auch neu sortierten Räumen vertreten. Die Highlights? Man kann sie nicht alle aufzählen.

MARCO POLO TIPS FÜR MUSEEN

1. **Biblioteca Nazionale Marciana**
   Alte Schriften auf zartem Pergament (Seite 38)
2. **Collezione Peggy Guggenheim**
   Was ein Mensch alleine alles sammeln kann (Seite 38)
3. **Galleria dell'Accademia**
   Tizians »Täufer« und noch ganz andere Traumbilder (Seite 39)
4. **Museo Archeologico**
   Was venezianische Familien so alles stifteten (Seite 41)
5. **Museo d'Arte Ebraica**
   Vom schweren schönen Leben im jüdischen Ghetto (Seite 41)
6. **Museo Civico Correr**
   Vom stolzen Ende einer glanzvollen Republik (Seite 41)
7. **Museo Fortuny**
   Erinnerungen an einen außergewöhnlichen Modeschöpfer (Seite 43)
8. **Museo Storico Navale**
   Vom reichen Stolz der christlichen Seefahrt (Seite 43)
9. **Museo Vetrario**
   Die Kunst des Glasblasens hat eine lange Geschichte (Seite 44)
10. **Pinacotea Querini Stampalia**
    Und so lebte ein Kaufmann aus Venedig im 18. Jahrhundert (Seite 44)

Die Marco Polo Bitte

Marco Polo war der erste Weltreisende. Er reiste in friedlicher Absicht, verband Ost und West. Er wollte die Welt entdecken, fremde Kulturen kennenlernen, nicht zerstören. Könnte er für uns Reisende des 20. Jahrhunderts nicht Vorbild sein? Aufgeschlossen und friedlich sollte unsere Haltung in anderen Ländern sein. Dazu gehören auch Respekt vor Mensch und Tier und die Bewahrung der Umwelt.

Giovanni Bellinis Altarbild aus San Giobbe im Saal 2, Mantegnas »Heiliger Georg« in Saal 4, Giorgiones »Gewitter« in Saal 5, Paolo Veroneses »Gastmahl im Hause Levi« in Saal 10 und Tizians verklärtes, gleichwohl unvergeßliches Bild von »Johannes dem Täufer« in Saal 6 – hier in der Accademia ist klassische Kunst mächtig. Canaletto und Carpaccio die Möglichkeiten, große Malerei zu bewundern, sind unerschöpflich. (C 5) *Di–Fr 9–19.30 Uhr, Sa u. Mo 9–14 Uhr, So 9–13 Uhr, Campo della Carità, Eintritt 4000 Lit., Bootslinien 1, 2, 4: Accademia*

Galleria Franchetti

Kurz hinter der Rialto-Biegung des Canal Grande liegt linker Hand die Ca' d'Oro, der einst vergoldete Palast aus dem 15. Jh., der jetzt die Galleria Franchetti beherbergt. Noch heute bekommt man durch die reichverzierte Fassade eine Ahnung vom einstigen Glanz, der von dem vergoldeten Stuck-Schmuck ausgegangen sein muß. »Das Geglitzer all dieser Vergoldungen«, schreibt der englische Kunsthistoriker Hugh Honour, »hob sich gegen eine verschwenderische Verwendung von Farbe ab, besonders Zinnoberrot und Ultramarinblau, was dem Haus ein ausgesprochenes Rummelplatz-Aussehen verliehen haben muß.«

In zwei Stockwerken zeigt die Galleria Franchetti heute Gemälde, Skulpturen, Möbel und Teppiche aus verschiedenen Epochen. An den Wänden hängen Meisterwerke von Mantegna, Tizian, Giovanni Bellini, Tintoretto, Lombardo und van Dyck.

Besonders eindrucksvoll aber ist die »sala del Carpaccio«. In diesen Saal 1 führt eine Tür von der Loggia mit Fenster zum Kanal. Im Mittelpunkt des Raumes stehen Vittore Carpaccios Bilder »Verkündigung« und »Tod der Jungfrau«. Auch beachtenswert: der in der Mitte des Raumes stehende mächtige venezianische Tisch aus dem 16. Jh.

Ein Tip: Besuchen Sie die Ca' d'Oro an einem strahlenden Sonnentag; es gibt nämlich kein künstliches Licht im Palast. (D 2) *Mo–Sa 9–13.30 Uhr, So 9–12.30 Uhr, Ca' d'Oro, Eintritt 3000 Lit., Bootslinien 1, 4: Ca' d'Oro*

Ikonenmuseum

Von der besonderen Ausrichtung Venedigs in den Osten während der Blütezeit des 16. Jh. zeugt noch heute die Pracht im Ikonenmuseum. Byzanz war den

Venezianern damals näher als Rom. Und die etwa 5000 in der Lagunenstadt lebenden Griechen hatten in San Giorgio dei Greci sogar eine eigene orthodoxe Kirche, in der noch heute jeden Sonntag um 11 Uhr ein griechisch-orthodoxes Hochamt zelebriert wird. Im direkt daneben gelegenen Museum befindet sich Europas größte Sammlung byzantinischer und nachbyzantinischer Ikonen aus der Zeit zwischen dem 14. und dem 18. Jh. Der volle Name des Museums: Museo dell'Istituto Ellenico di Studi Bizantini e Postbizantini. (F 4) *Tgl. außer Di 9–13 und 14 bis 17 Uhr, So 9–13 Uhr, Campo dei Greci, 3412, Eintritt 2000 Lit., Bootslinie 1: Zuccara*

Museo Archeologico

★ Eindruck macht, daß die wichtigsten Exponate des Museums aus Privatbesitz stammen. Die Sammlung wurde im Laufe der Jahrhunderte durch Testamente angesehener venezianischer Familien aufgebaut. Das zeigt, wieviel Venedigs Kaufleute im 16., 17., 18. und 19. Jh. für archäologische Forschungen bereit waren auszugeben. Glanzstücke der Sammlungen sind mehrere griechische Frauen-Statuen aus dem 4. und 5. Jh. v. Chr. und der sogenannte Grimani-Altar aus hellenistischer Zeit (1. Jh. v. Chr.). (E 4–5) *Mo–Sa 9–14 Uhr, So 9–13 Uhr, Piazetta San Marco, 17, Eintritt 2000 Lit., Bootslinien 1, 2, 4: San Marco*

Museo d'Arte Ebraica

★ An anderer Stelle ist bereits beschrieben worden, daß das Wort Ghetto und die damit verbundene Praxis, Bürger jüdischen Glaubens von den Christen zu trennen, venezianischen Ursprungs ist. Mitten im ehemaligen Ghetto befindet sich das Hebräische Museum, das an das Leben der Juden in Venedig erinnert. Übrigens, nicht nur an die grausamen Seiten, an Verfolgung und Verachtung, sondern auch an die schönen Seiten der jüdischen Welt von gestern. (B 1) *Tgl. außer Sa 10–16 Uhr, Campo del Ghetto Nuovo, Eintritt frei, Bootslinie 1: San Marcuola*

Museo Civico Correr

★ Der Eingang des 1830 von dem reichen Venezianer Teodor Correr gestifteten Museums befindet sich auf der Westseite der Piazza San Marco, am hinteren Ende der Arkaden Procuratie Nuove. Die Sammlung des Correr bietet eine glänzende Möglichkeit, sich mit der Geschichte, mit Aufstieg und Fall der Republik Venedig zu beschäftigen. Gleich im ersten Saal kann man sich auf alten Landkarten einen Eindruck über die Landentwicklung der Lagunenstadt verschaffen. Besonders sehenswert: Jacopo de' Barbaris Plan von 1497 mit dem danebenstehenden hölzernen Druckstock. Es folgen Säle mit Malerei. Beginnend im 14. Jh., erfährt der aufmerksame Besucher in den Sälen 10 und 11 vom Einfluß flämischer Malerei auf die venezianische Kunst im 15. Jh., was nicht zuletzt von intensiven Handelsbeziehungen zwischen den Niederlanden und Venedig in jener Zeit zeugt. Saal 15 dann zeigt einen der ganz großen Schätze des Museums, ja Venedigs: die »dame veneziane« des Vittore Carpaccio (1460–1526). Kunsthistoriker wie der

Das Guggenheim-Museum am Canal Grande

bekannte Engländer John Ruskin scheuen sich nicht, es »das beste Bild der Welt« zu nennen. Vermutlich einst Teil eines größeren Bildes, zeigt es zwei etwas gelangweilt dreinblickende Frauen mit Hunden und Vögeln. Bis heute währt der Streit, ob es sich bei den »Venezianischen Damen« um Kurtisanen (wegen der tiefen Dekolletés) oder um ehrbare Bürgersfrauen (wegen der an der linken Bildseite erkennbaren ungewöhnlich hohen Schuhe, die nur ehrbar Verheiratete tragen durften) handelt. Übrigens, von den Fenstern des Correr kann man sehr gut den Markusplatz fotografieren. Von der Treppe, die zum Hauptstockwerk des Correr hinaufgeht, führt auch der Weg in den *Museo del Risorgimento* genannten Teil des schier unerschöpflich scheinenden Museums. Er dokumentiert das stolze Ende der glanzvollen Republik und die Zeit danach, in der die Österreicher das Sagen auf den Laguneninseln hatten. (E 4–5) *Mo, Mi, Fr, Sa 10–16 Uhr, Do 10–20, So 9–20 Uhr, Di geschl., Piazza San Marco, Eintritt 5000 Lit., Bootslinien 1, 2, 4: San Marco*

Museo Diocesano di Arte Sacra

Im Kreuzgang eines Klosters aus dem 12. Jh. zeigt man sakrale Kunst: Kelche und Monstranzen, Kodizes, Tabernakel und Standarten. Reichlich Bilderkunst, wie könnte es in Venedig anders sein, gibt's auch mit Werken von Tizian, Tintoretto und von Gentile Bellini, von dem vier bemalte Orgelflügel zu sehen sind, die ursprünglich im Markusdom hingen. (O) *Tgl. 10.30–12.30 Uhr, Chiostro di Sant' Apollonia, Eintritt frei, Bootslinie 1: Arsenale*

Museo dell'Estuario
Archäologische Funde aus Venedigs Vorvergangenheit zeigt dieses Museum auf der Insel Torcello. Zu sehen sind Funde aus Altino, dessen Einwohner im 5. Jh. vor den Ostgoten und Langobarden nach Torcello und später nach Venedig flohen. (O) *Tgl. außer Mo 10–12.30 und 14 bis 17.30 Uhr, Torcello, Eintritt 1000 Lit., Bootslinie 12 von den Fondamenta Nuove*

Museo Fortuny
★ Mario Fortuny y Madrazo, ein spanischer Maler und Modeschöpfer, kam 1889 nach Venedig, verliebte sich in die Stadt und blieb. Er machte sich mit zauberhaften Stoffen einen Namen, deren Dessin er entwarf und deren Herstellung eine eigene Fabrik auf der Insel Giudecca übernahm, die auch heute noch Fortuny-Stoffe herstellt. Morgenmäntel des Spaniers trugen die Dichter d'Annunzio und Marcel Proust, seine Kleider Eleonora Duse, Sarah Bernhardt und Isadora Duncan. Fortuny erwarb im Stadtteil San Marco einen Palast aus dem 15. Jh., der heute das Museum beherbergt, in dem alles an den Meister erinnert. Die Wände sind mit schweren Fortuny-Stoffen behängt; und Stoffballen liegen herum, als käme im nächsten Moment der Meister persönlich, um maßzunehmen. (D 4) *Tgl. außer Mo 9–19 Uhr, Campo San Benedeto, 3958, Eintritt 5000 Lit., Bootslinien 1, 2, 4: Rialto*

Museo del Settecento Veneziano
Im Palazzo Rezzonico erhält man den vollkommensten Überblick über venezianisches Leben im 18. Jh. Allerdings einen im wahrsten Sinn des Wortes sehr verstaubten. Denn das Museum wird nicht sehr gepflegt. (B 5) *Tgl. außer Fr 10–16 Uhr, So 9 bis 12.30 Uhr, Ca' Rezzonico, Eintritt 3000 Lit., Bootslinie 1: Ca' Rezzonico*

Museo Storico Navale
★ Zwei Beute-Anker, die zu den im Ersten Weltkrieg geenterten österreichischen Kriegsschiffen »Viribus unitus« und »Tegetthoff« gehören, stehen am Eingang zum Museum und weisen darauf hin, was mit und in dem Haus unterstrichen werden soll: venezianischer Stolz auf die Flotte der Stadt, in Handels- wie in Kriegstagen. Seinen heutigen Sitz in einem alten Kornhaus bekam das Museum 1961. Es gibt alles erdenkliche maritime Schauzeug zu betrachten: Modelle und Seekarten, Tampen, Gerät und auch viele maritime Bilder. Prunkstück aber ist ein Bucintoro-Modell aus dem Jahre 1830. Bucintoros nannte man die Schiffe, mit denen die Dogen einmal jährlich zur Vermählung des Dogen mit dem Meer (siehe Veranstaltungen) hinausgerudert wurden. Der Original-Bucintoro – ein erster lief 1277 vom Stapel – maß 44 Meter in der Länge und wurde von 42 Mann gerudert. (O) *Di–Sa 9–13.30 Uhr, So 9–13 Uhr, Fondaco dei Turchi, Eintritt 3000 Lit., Bootslinie 1: Arsenale*

Museo Vetrario

★ Seit dem Jahr 1000 gibt es urkundliche Belege für das Glasblasen auf Murano. Die Exponate im Palazzo Giustiniani belegen die lange Tradition der Glasbläserei. Sie zeugen aber auch vom Einfallsreichtum und der Kunstfertigkeit ihrer besten Handwerker. Unter den etwa 4000 gezeigten Glaswaren ragt ein Schmuckstück von Murano heraus: die mit Emailmalerei verzierte, im 15. Jh. angefertigte »Hochzeitsschale Barovier« aus tief-blauem Glas. Wer nur wegen des Glasmuseums mit dem Vaporetto nach Murano übersetzt und keinen Wert auf die touristisch orientierten Darbietungen in den Werkstätten legt, sollte an der dritten Haltestelle im Canal Grande von Murano aussteigen. Von dort weisen Schilder den Weg. (O) *Mo, Di, Do, Fr, Sa 10 bis 16 Uhr, So 9 bis 12.30 Uhr, Eintritt 3000 Lit., Bootslinie 5 von den Fondamente Nuove*

Pinacoteca Querini Stampalia

★ Nein, es ging wirklich nicht ärmlich zu in den venezianischen Kaufmannshäusern der vergangenen Jahrhunderte. Einen guten Eindruck vom Leben einer adeligen Kaufmannsfamilie bekommt man in dieser Pinakothek. Sie war einst die Privatwohnung des Grafen Giovanni Querini Stampalia. Mit dem Palast hinterließ der Graf, der keine Nachkommen hatte, der Stadt eine Bibliothek aus 200000 Bänden und eine beachtliche Gemäldesammlung mit Werken von Bellini, Tiepolo und Pietro Longhi, der zwischen 1702 und 1785 lebte, kein so bekannter Maler war wie die vorher genannten, dafür aber ein Meister des Genrebildes. Unübertroffen fing Longhi das tägliche Leben ein – mit allen Einzelheiten, noch heute den Menschen zum Spaß. 20 seiner Szenen hängen in diesem Palazzo. (E 4) *Tgl. außer Mo 10–13 Uhr, Campiello Querini Stampalia, Eintritt 5000 Lit., Bootslinie 1, 2, 4: Zaccaria*

SCUOLE

Im alten Venedig gab es eine besondere Einrichtung, die *Scuole*, was wörtlich übersetzt »Schulen« heißt. Gemeint waren damit Bet-, Bruderschafts- und Fürsorgehäuser von Handwerkszünften, aber auch von mehr oder weniger geduldeten Volksgruppen. Da diese Minderheiten nicht selten über genügend Geld

Drei Maler für die Nacht

Die Verneigung vor drei der größten Maler Venedigs findet allabendlich in »Harry's New York Bar« (siehe Essen & Trinken) statt. Auf der Karte stehen Bellini, Tizian und Carpaccio. Der Bellini ist ein mit Prosecco aufgegossener besonders angesetzter Saft von weißen Pfirsichen; der Tiziano ein ebensolcher Cocktail auf der Basis von Himbeersaft. Das Carpaccio, die roh aufgeschnittenen hauchdünnen Rinderfiletscheiben, kommt mit einem Dressing auf den Tisch, dessen Zubereitung genauso geheimgehalten wird wie die Ingredienzen für die Drinks.

verfügten, überboten sie sich gegenseitig im Fördern der schönen Künste. Neben den Dogen waren die Mitglieder der Scuole die großen Mäzene der Stadt. Die vier wichtigsten *Scuole* haben heute die Bedeutung von Museen.

Scuola dei Carmini
Die Karmeliter-Bruderschaft, der dieses Bet- und Versammlungshaus gehörte, förderte vor allem einen Künstler: den Maler Giambattista Tiepolo (1696–1770). Allein an die Decke des großen Festsaals im ersten Stock malte der, wie viele meinen, letzte große Meister venezianischer Malerei neun seiner stets in ganz hellem Licht gehaltenen Bilder. (B 5) *Mo–Sa 9–12 und 15–18 Uhr, Calle della Scuola, Eintritt 2000 Lit., Bootslinien 5, 8: San Basilio*

Scuola di San Giorgio degli Schiavoni
Über die Dalmatiner – etwa 200 lebten einst in der Stadt – rümpften die echten Venezianer die Nase. Sie beschimpften sie als Slawen, eben als *schiavoni.* Ihr landsmannschaftliches Haus ließen sich die Dalmatiner in den Jahren zwischen 1502 und 1511 von keinem Geringeren als Vittore Carpaccio ausschmücken. Der mußte auf die Wände und Decken Geschichten aus dem Leben der dalmatinischen Schutzheiligen Georg, Tryphon und Hieronymus malen. Und er tat dies mit der ihm eigenen zauberhaften Leichtigkeit. (O) *Di–Sa 9.30–12.30 und 15.30–18.30 Uhr, So 10–12.30 Uhr, Campo Furlani, Eintritt: 3000 Lit., Bootslinie 1: Arsenale*

Scuola di San Giovanni Evangelista
Das ehemalige Bethaus der Bruderschaft des Evangelisten Johannes mit seiner prächtigen gotischen Fassade beherbergt heute das recht aktive »Venice Commitee«, das in Amerika für Venedig, seinen Besuch und seine Zukunft wirbt. Ansehen sollten Sie sich die 1498 von Mario Coducci entworfene Renaissancetreppe. Die Maler der Decken- und Wandgemälde stammen aus dem 18. Jh., waren aber schon zu ihrer Zeit eher mittelmäßig. (B 1) *Mo–Fr 9.30–12.30 Uhr, Campiello della Scuola, Eintritt frei, Bootslinie 1: San Marcuola*

Scuola Grande di San Rocco
Für das Versammlungshaus der dem Pestheiligen Rochus gewidmeten Bruderschaft, die 1478 angesichts immer neuer Pestwellen in der Stadt gegründet wurde, schrieb man eigens einen Malwettbewerb aus. Das war 1564. Gewinner: Jacopo Tintoretto (1518–94). Der Vertrag mit ihm sah vor, daß er drei Bilder im Jahr zu malen hatte. Tintoretto arbeitete wie ein Wilder und brachte es in 23 Jahren auf 56 Bilder mit teilweise gigantischen Ausmaßen. Dieses »Tintoretto-Museum« kann man in seiner Bedeutung vielleicht mit Michelangelos Arbeit in der Sixtinischen Kapelle von Rom vergleichen, auch wenn das venezianische Beispiel nicht so (welt-) bekannt ist. Tintorettos Meisterwerk, die »Kreuzigung« aus dem Jahr 1565 finden Sie in der »sala dell'albergo«. (B 4) *Tgl. 10–13 und 15.30–18.30 Uhr, Campo San Rocco, Eintritt 6000 Lit., Bootslinien 1, 4: San Tomà*

Wohin gehen wir essen?

Dort, wo eine venezianische Köchin wirklich venezianisch kocht, dauert es. Denn: Alles kommt frisch auf den Tisch. Und ein Mahl hat mindestens drei Gänge

Beginnen wir mit einer Binsenweisheit: Essen ist Geschmackssache. Weil dies aber so ist, begegnet jeder einer fremden Küche auf seine Weise. Deshalb gestatten Sie mir, dem Autor, an dieser Stelle, Ihnen, dem Leser, den Zauber venezianischer Kochkunst mit ein paar ganz persönlichen Erfahrungen näherzubringen.

Es war einer dieser verregneten Tage in Venedig, mitten im Oktober. Das Wasser stand schon in großen Lachen auf der Piazza San Marco. In den nassen Schuhen begannen bereits die Socken feucht zu werden. Vorzeitig flüchtete ich in ein Restaurant. Es war erst 12 Uhr, und der Ober schaute mich an wie einen Touristen, der ich ja auch war. Am Mittag ißt man in Venedig nicht vor eins, frühestens um halb eins. Der Ober argwöhnte, daß ich ein paar Nudeln hinunterschlingen und mich gleich wieder verabschieden wollte. Er empfand sein kleines Restaurant für solchen Touristenmißbrauch als ungeeignet. Deshalb machte er ein entsprechend mürrisches Gesicht. Ich erklärte ihm, daß ich alle Zeit der Welt hätte und nur deshalb schon hereingekommen wäre, weil ich nicht noch eine halbe Stunde um sein einladend wirkendes Restaurant durch den Regen laufen wollte. Dann bat ich um die Karte. Doch das Eis zwischen ihm und mir war immer noch nicht gebrochen. Erst, als ich richtig italienisch bestellte: *antipasto*, die Vorspeise, einen *risotto* als *primo piatto*, erster Gang, und auch noch den *secondo piatto*, den Hauptgang, huschte der Anflug eines Lächelns über das Gesicht meines Obers. Doch ein Stück Argwohn blieb noch. Er wies mich darauf hin, daß mein *risotto* wohl eine gute halbe Stunde bräuchte. Da ich selber koche, lachte ich und sagte ihm, daß ich, wenn dies nicht so wäre, wieder in den Regen hinausgestiefelt wäre, weil seine Küche dann nichts taugen würde. Jetzt lachte er, sagte, daß sein Vorname Antonio wäre, und beschloß für den Rest eines langen Mittagessens mein Freund zu werden.

Das Caffè Florian am Markusplatz

Der *risotto* braucht eine gute halbe Stunde, die *pasta* 15, die *fagioli* 20 Minuten – wer für den gerührten Reis, die Nudeln, die Bohnen keine Zeit mitbringt, braucht sich in Venedig – wie in anderen Gegenden Italiens übrigens auch – mittags gar nicht erst an den Tisch zu setzen. Dabei zelebrieren die Venezianer den Mittagstisch beileibe nicht andächtig. Sie nutzen ihn zu quirligen Gesprächen, die gerade die Restaurants, in denen die Einheimischen verkehren, zu summenden Bienenstöcken werden lassen.

Kommunikation während der Mahlzeiten wird ohnehin den ganzen Tag lang großgeschrieben. Viele nehmen die *piccola colazione*, das Frühstück, bereits in einer Bar um die Ecke ein. Die Bar hat nichts mit einem deutschen Nachtlokal zu tun. Eine Bar in Italien ist Frühstückscafé und Eissalon, Snackbar für zwischendurch und Nachrichtenbörse. Das eigentliche Frühstück der Venezianer ist eher karg. Die meisten nehmen einen Capuccino, den Kaffee mit aufgeschäumter Milch – niemand in Italien würde auf die Idee kommen, nach erwärmter Sahne zu fragen –, und eine *brioche*, das Teighörnchen. Viele begnügen sich aber auch mit einem *caffè*, den man bei uns als schwarzen starken Espresso kennt. Der Tourist sollte es den Venezianern nachmachen und auf Spiegeleier mit Schinken in der Früh verzichten, weil er sonst manche der Genüsse auslassen müßte, die der Tag noch bringen wird. Beispielsweise die *cicheti* oder die *tramezzini* zur *ombra* um 11 Uhr am Vormittag.

Wieder ist die Bar der Treffpunkt. Zeit für das erste Glas Wein des Tages, eben die *ombra*. Dazu gibt es Käse- und Wurstwürfel, Tintenfischstückchen, Fleischbällchen und Oliven, die *cicheti*, oder dreieckige Weißbrot-Sandwiches, die *tramezzini*.

In der Bar kann der Reisende, der einmal das Mittagessen auslassen will, auch andere kleine Schmackhaftigkeiten finden, etwa das *panino*, das mit Schinken und/oder Käse belegte »Brötchen«, das man kalt oder warm essen kann. Gar nicht gern haben es die Venezianer, wenn die Tagestouristen ihre belegten Brote und Bierdosen von außerhalb mitbringen, um dann unter den Arkaden des Markusplatzes Brotzeit zu machen. Es gibt sogar eine Verordnung, die das verbietet; Polizisten gehen gegen »Sünder« vor.

Wer sich deshalb lieber gleich auf ein gutes Essen im Restaurant einläßt, der wird es nicht bereuen, denn die venezianische Küche hält wunderbare Spezialitäten ungewöhnlicher Güte bereit, die den heimischen Italiener um die Ecke zur Imbißbude degradieren. Aber Vorsicht! Auch und gerade im von Touristen überfüllten Venedig warten die Nepper und Schlepper auf unkundiges Volk. Längst nicht jedes Gasthaus, das sich *tipico*, *rustico* oder *antico* nennt, kann wirklich von sich behaupten, daß es typische, derb-ländliche und überlieferte Küche serviert. Eine Faustregel, für die ich allerdings keine hundertprozentige Garantie übernehme: Je unscheinbarer der Eingang, je einheimischer die Gäste, desto aufregender wird das Eßerlebnis. Wenn dann

MARCO POLO TIPS FÜR RESTAURANTS

1. **Antico Calice**
Venezianischer Mittagstisch für Einheimische (Seite 53)

2. **Antico Martini**
Die Küche hat bis Mitternacht geöffnet (Seite 52)

3. **Do Forni**
Gemütlichkeit mitten im Touristenrummel (Seite 53)

4. **La Caravelle**
Internationale Gäste, regionale Küche (Seite 52)

5. **La Zucca**
Deftiges von blankgescheuerten Tischen (Seite 56)

6. **Locanda Cipriani**
Der Weg übers Wasser nach Torcello lohnt (Seite 53)

7. **Osteria da Fiori**
Die Desserts von Mara Zanetti sind ein Gedicht (Seite 54)

8. **Poste Vecie**
Unterm Fischmarkt gibt's natürlich Fisch (Seite 55)

9. **Taverna La Fenice**
Wasserspiele in eleganter Atmosphäre (Seite 53)

10. **Vivaldi**
Barockmusik zu sepiaschwarzen Fettuccine (Seite 56)

die Speisekarte klein und handgeschrieben oder gar nicht vorhanden ist, weil der Patron Ihnen das Angebot persönlich herunterbeten möchte, dann haben Sie gewonnen.

Daß Umkehrschlüsse nicht immer zu gelten haben, lernte ich im »Antico Calice« (eine Ortsbeschreibung finden Sie im Anhang): Es gibt eine Karte und nicht einmal eine kleine. Und doch ist dieses am Wochenende auch von einheimischen Familien mit ihren Kindern gern besuchte Restaurant mit dem offenen Blick in die Küche eine kleine venezianische Offenbarung. Da man in die Küche hineinblicken kann, erkennt man, mit wieviel Freude die Köche bei der Arbeit sind. Mein neuer Ober-Freund Antonio hätte mich darauf nicht besonders hinzuweisen brauchen. Ich hätte schwören wollen, daß der mir am nächsten stehende Koch sogar ein Lied auf den Lippen hatte.

Was ich aber wirklich beschwören kann: Das Essen ist fabelhaft. Und venezianisch. Das beginnt bei den sensationellen *sarde saor*, jenen wunderbar in Essig und Öl eingelegten Sardinen, die den Gaumen als Vorspeise kitzeln. Es geht weiter mit dem *risotto nero*, das nicht jedermanns Sache ist, weil der herrlich sämige Reisbrei mit der Tinte von Tintenfischen *(seppie)* zubereitet wird. Doch nirgends bekommen Sie dieses Gericht so frisch und gekonnt wie in dem allem Meergetier zugewandten Venedig. Deshalb ist dort auch ein *fritto misto di mare* eine Offenbarung. Vergessen Sie alles, was Sie über gebackenen Fisch bisher gedacht haben. Ein venezianisches *fritto misto di mare* hat nichts mit den gebackenen, gummiartigen Tintenfischringen zu tun, die es vielerorten hierzulande gibt, wenn *fritto misto* auf der Karte steht. Die venezianische Urform von *fritto misto* ist tatsächlich Gemischtes aus dem Meer – und zwar alles, was das Meer an Frischem hergibt – bis hin zu handtellergroßen gebackenen Baby-Seezungen. Ein Genuß!

Wer Fisch nicht mag, der kann zum Beispiel auf Innereien zurückgreifen, auf die sich die Venezianer verstehen. Die Spitze: *fegato alla veneziana*, die in Mehl und Zwiebeln leicht angeschwitzte und mit Weißwein abgelöschte geschnetzelte Kalbsleber.

Zum Essen trinken die Venezianer Wein. Was sonst? Aber sie trinken ihn mit Bedacht; sie schütten ihn nicht in sich hinein. Das zwingt die Restaurants zu Qualität. In der Regel kann sich der Gast auf den offen angebotenen *vino della casa*, den Hauswein, verlassen, manchmal sogar richtig freuen. Wenn der offene Wein so gut gepflegt wird, kann es vorkommen, daß der Ober ein wenig beleidigt ist, wenn man nach der Weinkarte fragt. Im Angebot stehen hauptsächlich Weine aus dem Veneto, dem Friaul und aus der Provinz Treviso. Von dort, aus der Weinbaugegend, zwischen Valdobbiadene und Conegliano, kommt beispielsweise der herrlich prikkelnde Prosecco, den die Venezianer gern als Aperitif nehmen. Unter den Weißweinen sind Pinot, Riesling und Sauvignon am beliebtesten; unter den Rotweinen Bardolino, Cabernet und Merlot. Grundsätzlich unterscheidet man bei italienischen Weinen zwei Qualitätsstufen, die sich selbstverständlich auch im Preis niederschlagen: Der einfache *vino da tavola*, der Tischwein, ist preiswerter als der D.O.C.-Wein mit kontrollierter Herkunftsbezeichnung.

Bevor wir jetzt in die einzelnen Restaurants gehen, noch ein Tip: Lassen Sie das Dessert nicht aus. Die Venezianer sind Süßspeisen-Weltmeister. Da gibt es Torten und Kekse und viel Fettgebackenes. Oder Sie versuchen die *torta nicolotta*! Sie ist – unserem »Scheiterhaufen« nicht ganz unähnlich – aus altem Brot gemacht und sehr gut.

Ach ja, noch eins. Guten Appetit wünschen Sie mit *»buon appetito«*, und für das Prosit sagen Sie *»alla salute«* oder einfach *»cin, cin«*!

BARS – CAFÉS – EIS

Causin

Die lange Suche nach dieser Bar lohnt, weil es dort das beste, selbstverständlich selbstgemachte Eis der Stadt gibt. Sogar die Einheimischen nehmen lange Wege in Kauf. (B 4) *Tgl. ab 8 Uhr, Campo Santa Margherita, 2996, Bootslinie 1: Ca' Rezzonico*

Al Cherubino

Mitten im Cannaregio, unweit der Kirche San Luca liegt die Bar, die als eine der wenigen bis weit in die Nacht hinein geöffnet hat. Man trifft Studenten und schöne junge Venezianerinnen. (E 2) *Tgl. 8–2 Uhr, Calle San Antonio 4118, Bootslinie 5: Fondamenta Nuove*

Chioggia

Gegenüber dem Dogenpalast kann man in aller Ruhe das Gewoge und Gewimmel der Touristen auf der Piazzetta, dem Eingang zum Markusplatz, beobachten. Dieses *caffè*, wie die Italiener ihre Kaffeehäuser nennen, ist deutlich unprätentiöser und auch nicht so angestaubt wie die benachbarten, wesentlich berühmteren *caffès* »Florian« und »Quadri« unter den Arkaden direkt am Markusplatz. Bei schönem Wetter spielt im »Chioggia« ein Pianist. (E 4–5) *Tgl. ab 9 Uhr, Piazetta San Marco, 11, Bootslinien 1, 2, 4: San Marco*

Foscarini

Direkt neben der Galleria dell' Accademia treffen sich Künstler und solche, die sie sehen wollen, zum Wein. (C 5) *Tgl. ab 10 Uhr, Accademia, 878, Bootslinien 1, 2: Accademia*

Nico

Die Eisdiele liegt am Zattere-Kai mit Blick auf die Giudecca. Es gibt wunderbares Eis in exotischen Geschmacksrichtungen. Besonders im Hochsommer nutzen die Einheimischen den breiten Kai zum Sonnen. Gleich neben Nico gibt es noch zwei *Caffès*, das »Aldo« und das »Cucciolo«. (C 6) *Tgl. ab 10 Uhr, Zattere ai Gesuati, 922, Bootslinien 5, 8: Zattere*

Novo

Unweit des Goldoni-Denkmals auf dem Campo San Bartolomeo liegt die Bar, in der es die vielleicht beste Mortadella Venedigs zum Brötchen gibt. (E 3) *Calle de la Bissa, 5455, tgl. ab 9 Uhr, Bootslinien 1, 4: Rialto*

Dall'vecio Penasa

In der Gasse, in der diese gemütliche Bar liegt, tobt noch das von Markusplatz und Seufzerbrücke herüberschwappende Touristenleben. Wie durch ein Wunder schwappt es allerdings am Penasa vorbei. (F 4) *Calle delle Rasse, 4587, tgl. ab 9 Uhr, Bootslinien 1, 2, 4, 5, 8: Zaccaria*

Ros Salva

Die Konditorei liegt am Campo San Luca, einem der Lieblingstreffpunkte der Venezianer. Nehmen Sie eine *cioccolata*, einen heißen Kakao, und ein Mandeltörtchen. Sie werden es nicht bereuen – nicht einmal beim nächsten Wiegen. (D 4) *Tgl. ab 10 Uhr, Campo San Luca, Bootslinien 1, 4: Rialto*

Vino Vino

Die Weinbar ist der Ableger des Restaurants »Antico Martini«. Es gibt schmackhafte und nicht einmal so teure Snacks in der Qualität des Mutterhauses. (D 5) *Tgl. außer So ab 11 Uhr, Ponte delle Veste, 2007, Bootslinie 1: Santa Maria del Giglio*

Al Volto

Scheuen Sie sich nicht, sich in diese *enoteca*, in dieses Weinlokal, hineinzudrängen. Es ist meist (und vor allem nur mit Venezianern) überfüllt. (D 4) *Tgl. außer So ab 11 Uhr, Calle Cavalli, 4081, Bootslinien 1, 2: Rialto*

Zorzi

Ganz normale Venezianer treffen sich hier zwischen Campo San Luca und Piazza San Marco meist zum Lunch. Ein Besuch lohnt deshalb – auch, wenn es keinen Wein gibt. Das »Zorzi«

Fettgebäck ist eine venezianische Spezialität

ist ein vegetarisches Restaurant. (D 4) *Tgl. ab 10 Uhr, Calle dei Fuseri, Bootslinien 1, 2: Rialto*

PIZZERIEN

Gianni

Während man in den meisten venezianischen Restaurants die Nase rümpft, wenn ein Tourist nach einer Pizza fragt, weil er diese doch für typisch italienisch hält, ist man bei »Gianni« gerade darauf spezialisiert. Man sitzt am Zattere-Kai mit Blick auf die Insel Giudecca und hat die Wahl zwischen Variationen ab 5000 Lire. (C 6) *Tgl. außer Mi, Zattere, 918, Tel. 5237210, Bootslinien 5, 8: Zattere oder 1, 2: Accademia*

Al Teatro

In diesem gemütlichen Restaurant gleich neben dem Theater La Fenice bekommt man bis in die Nacht hinein eine dampfende Pizza. Man sitzt draußen. Pizzas ab 10000 Lire. (D 4) *Tgl. außer Di, Campo San Fantin, 1916, Tel. 5221052, 5237214. Bootslinie 1: Santa Maria del Giglio*

RESTAURANTS

Kategorie 1
(Mehrgängiges Essen für eine Person einschließlich Getränke über 50000 Lire)

Antico Martini

★ Theaterkunst weht vom nahen La Fenice herüber. Kunstvoll geht es auch in der Küche von Emilio Baldi zu. (D 4) *Tgl. außer Di am Mittag und Mi 12 bis 14.30 und 19–24 Uhr, Campo San Fantin, 1983, Tel. 522 41 21, Bootslinie 1: Santa Maria del Giglio*

La Caravelle

★ Venezianern ist dieses Restaurant immer etwas unangenehm, weil es in seiner maritimen Innenausstattung etwas zu gestylt wirkt. Doch bei einem bunten internationalen Publikum – Spanier und Portugiesen kommen gern – gibt es, wenn auch nicht ganz billig, mit die besten Fischgerichte der Stadt. Setzen Sie sich nicht ans Fenster, wenn es Sie stört, daß die Passanten an der vielbelaufenen Einkaufsstraße Ihnen alle paar Minuten durch die Butzenscheiben auf den Teller gucken. Es gibt eine nette Bar, in der man auf seinen Tisch warten und nach dem Essen rauchen kann, denn das ist im Restaurant verboten. (D 5) *Tgl. außer Mi 12.30–2 Uhr, Calle Larga XXII Marzo, 2397, Tel. 5208901, Bootslinie 1: Santa Maria del Giglio*

Do Forni

★ ◉ Dies ist ein charakteristisches Lokal, das sich auch bei den Venezianern noch einen guten Ruf bewahrt hat. Lassen Sie sich zum Tagesangebot überreden. Wählen Sie einen Tisch im zweiten, hinteren Teil des Restaurants. Und dort vielleicht linker Hand unter der Spingarda, einem riesigen mittelalterlichen Gewehr. (E 4) *Tgl. außer Do ab 12.30 Uhr, Calle Specchieri 468, Tel. 5232148, Bootslinien 1, 2: Zaccaria*

Taverna La Fenice

★ Wie der Name sagt, in der Nähe des Theaters stapelt man mit dem Wort Taverna tief. Alles ist elegant – bis hin zu den Wasserspielen im Innenhof. Viele Künstler kommen wegen der Fischgerichte. (D 4) *Tgl. außer Mi., Campiello Fenice, 1938, Tel. 5223856, 5237866, Bootslinie 1: Santa Maria del Giglio*

Locanda Cipriani

★ Dieses vorzügliche, schon von Ernest Hemingway und Königin Elisabeth II. geschätzte Restaurant liegt auf der Insel Torcello. Der Weg ist nicht zu weit. Die Meeresfrüchte scheinen in diesem Garten an der Lagune noch besser zu schmecken. (O) *Tgl. außer Di, zwischen Juli und September kein Ruhetag, Bootslinie 12 (im Sommer auch 19)*

Malamocco

Das elegante Restaurant liegt direkt hinter dem Dogenpalast. Es wird trotzdem von Touristen kaum besucht. (F 4) *Tgl. außer Do vom 8. Jan.–5. Feb. geschl., Campiello del Vin, 4650, Bootslinien 1, 2, 4, 5, 8: Zaccaria*

Kategorie 2
(Mehrgängiges Essen für eine Person einschließlich Getränke über 30 000 Lire)

Antico Calice

★ ◉ Das »Alte Glas«, wie das Restaurant in der Übersetzung heißen würde, gehört zu jenen wunderbaren Häusern, bei denen man in Zweifel ist, ob man sie weiterempfehlen soll – aus Angst, man könnte beim nächsten Venedigbesuch keinen Platz mehr bekommen. Wenn Sie während des Essens einen Blick in die zum Gastraum offene Küche werfen wollen, lassen Sie sich nicht nach links um die Ecke abdrängen. Bestehen Sie auf einem der sieben Tische vor der Küche. Allein finden Sie in

Bei schwacher Hitze schmoren

Die *fegato alla veneziana* gehört zu den unvergeßlichen Speisegenüssen, die man in Venedig haben kann. Und ein guter italienischer Koch wird dem Gast den Eindruck vermitteln, daß die Zubereitung eine hohe Kunst ist. Dabei kann jeder die »Venezianische Leber« zu Hause nachmachen. In einer Pfanne mit Öl und Butter werden Zwiebeln und Petersilie zugedeckt bei schwacher Hitze angeschmort. Pfanne vom Herd nehmen, damit die hinzuzugebende geschnetzelte Leber nicht hart wird. Die Mischung wird kurz gebraten und beim Servieren gesalzen. Buon gusto!

dem hauptsächlich von Venezianern besuchten Haus fast immer einen Platz. Sonst ist eine Reservierung für die Zeit zwischen 13 und 14 Uhr ratsam. Abends geht es ruhiger zu, was in der Qualität des hervorragenden Essens keinen Unterschied macht. (E 3) *Tgl. außer Mo ab 12.30 Uhr, Calle degli Stagneri, 5228, Tel. 5206084, Bootslinien 1, 4: Rialto*

Da Arturo

Aus der ehemaligen Weinschenke ist ein für venezianische Verhältnisse ungewöhnliches Restaurant geworden: Besitzer Ernesto serviert nur Fleischgerichte – die aber von hochfeiner Güte sind. Dazu komponiert er Salate aus Zutaten, von denen manch einer nicht einmal weiß, daß sie zu diesem Zweck im Garten wachsen. (C 4) *Tgl. außer So 12.30–14.30 und 19.30–22.30 Uhr, Rio Terrà Assassini, 3656, Tel. 5286974, Bootslinie 1: San Angelo*

Da Fiore

★ Ebenfalls ein ehemaliger Weinausschank, lockt das von einem sehr sympathischen jungen Ehepaar in den letzten Jahren herausgeputzte Restaurant

Die Gourmet-Tempel von Venedig

Cipriani

Die Küche in diesem gediegenen Hotel, das in eine alte Schiffswerft gebaut wurde, ist wunderbar, die Stimmung vertrauenerweckend. Ab 110000 Lit. (O) *Tgl., 11. Nov.–14. März geschl., Isola della Giudecca 10, Tel. 5207744, Bootslinien 5, 8: Redentore*

Danieli

Das Luxushotel hat eine bestaunenswerte Halle und zum Speisen eine herrliche Dachterrasse mit Blick auf die Insel San Giorgio Maggiore und den Lido. Ab 103000 Lit. (D 5) *Tgl., Riva degli Schiavoni 4196, Tel. 5226480, Bootslinie 1, 2: San Zaccaria*

Gritti Palace

Das feine Essen der Hotelküche wird auf einer Terrasse mit Blick zum Canal Grande serviert. Ausgezeichnete, abwechslungsreiche Fischküche. Ab 90000 Lit. (F 4). *Tgl., Campo Santa Maria del Giglio 2467, Tel. 794611, Bootslinie 1: Santa Maria del Giglio*

Harry's Bar

Auch das Restaurant der legendären Bar, das sich im ersten Stock befindet, ist eine Institution. Hier erfand Guiseppe Cipriani sein Vero Carpaccio, das mit einer Geheim-Sauce beträufelte, hauchdünn geschnittene rohe Rinderfilet. Wem die Speisepreise zu teuer sind, der sollte wenigstens auf einen Drink an die Bar gehen, auch wenn die trockenen Martinis nicht mehr wie zu Zeiten Ernest Hemingways, der hier einen Stammplatz hatte, vor den Augen des Gastes gerührt werden. Ab 76000 Lit. (E 5). *Tgl. 12–23 Uhr (Restaurant), 10.30–23 Uhr (Bar), Mo und im Jan. geschl., Calle Valleresso, Bootslinie 1: San Marco*

neben seltenen Meeresgerichten (»Seedattelsuppe«) mit einer schier unerschöpflichen Obstsorten-Auswahl zum Dessert. (C 3) *Tgl. ab 12.30 Uhr, So, Mo, im August und zwischen Weihnachten und Neujahr geschlossen. Bootslinien 1, 4: Rialto*

La Furatola

Das unkonventionelle Haus schert sich nicht um die Touristen. In der Hochsaison (Juli, August) hat es geschlossen. Und auch, wenn das Angebot auf dem Fischmarkt nicht von ausreichender Qualität war. Basta! Die *zabaione caldo*, der lauwarme Eier-Marsala-Schaum, ist die beste der Stadt. (B 5) *Tgl. außer Do und Mi am Abend, Calle Linga San Barnaba, 2870a, Tel. 5 20 85 94, Bootslinie 1: Ca' Rezzonico*

Al Graspo de Ua

Wer Geduld hat zum Suchen, findet das Haus. Es liegt in einer winzigen Seitengasse des Campo Bartolomeo. Der Suchende wird mit guter venezianischer Küche belohnt. (E 3) *Tgl. außer Mo und Di, San Bartholomeo, 5094, Tel. 5 22 36 47*

Harry's Dolci

Eigentlich sollte das Haus auf Giudecca ja, wie der Name sagt, nur ein Laden für Süßigkeiten werden. Doch einmal mehr schoß Venedigs Gastro-König Cipriani über sein Ziel hinaus. Es wurde ein beachtliches Restaurant, direkt am Canale della Giudecca gelegen, mit niedrigeren als den sonst üblichen Cipriani-Preisen. (O) *Tgl. außer Di und Mi, Giudecca, 773, Tel. 5 22 48 44, Bootslinien 5, 8: Redentore*

Montin

Mögen Sie zur Abwechslung einmal keinen Fisch essen? Bitte sehr, hier gibt es eine großartige *fegato alla veneziana*. Ach ja, und Sie speisen in historischem Gemäuer. Unter diesem Dach liebte angeblich die Schauspielerin Eleonora Duse ihren Dichter Gabriele D'Annunzio. (B 5) *Tgl. ab 12.30 Uhr außer Di am Abend und Mi, Fondamente Eremite, 1142, Tel. 5 22 71 51, Bootslinie 1: Ca' Rezzonico*

Al Nonno Risorto

Richtige Hausmannskost serviert Dino Boscarato in seinem freundlichen venezianischen Wirtshaus, dem er den augenzwinkernden Namen »Zum aufgeblühten Großvater« gab. Der Name täuscht. Mehr Jung als Alt versammelt sich hier bei guten offenen Weinen. (D 3) *Tgl. außer Di, Campo San Cassiano, 2337, Tel. 5 24 11 69, Bootslinie 1, San Stae*

Poste Vecie

★ Sie sitzen an der Quelle. Direkt hinter dem Fischmarkt führen eine kleine Brücke und sechs Stufen hinunter in das Restaurant, das gediegen, venezianisch und bezaubernd ist. Es steckt voller höchster Fischgenüsse. Nur werden leider manchmal einzelne, zufällig hineinschneiende Venedigbummler wie streunende Hunde behandelt: Trotz vieler freier Tische bekommen sie von den arroganten Kellnern keinen Platz angewiesen. Ein Tip: Bestellen Sie einfach einen Tisch für zwei oder drei – und entschuldigen Sie sich vor Ort damit, daß Ihre Gäste Sie schnöde versetzt hätten. Die Mühe lohnt, denn es gibt wirklich nicht viele Orte, an denen Sie so tafeln können. Den abweisenden Ober können Sie ja beim Trinkgeldgeben strafen. (D 3) *Tgl. außer Di, Pescheria 1608, Tel. 721822, Bootslinien 1, 4: Rialto*

Vivaldi

★ Zum Essen spielt man hier tatsächlich gedämpfte Barockmusik. Es stimmt einfach alles. Die Farben sind wohltuend in Pastell gehalten; sie kontrastieren nur mit den hölzernen Balken, die die Decke tragen. Die Gäste werden mit Raffinesse bewirtet. Die *fettuccine nere* sind mit solcher Sorgfalt zubereitet, daß die Zähne trotz der köstlichen Tintenfisch-Schwärze weiß bleiben. (C 4) *Tgl. außer Mo und Sonntag am Abend, San Polo, 1457, Tel. 5289482, Bootslinie 1: San Silvestro*

La Zucca

★ Mit seinen blanken hölzernen Designtischen hat das Restaurant fast etwas Japanisches. Doch gekocht wird deftig-herzhafte Hausmannskost. Viele Eintöpfe gibt es, viel Geschmortes – und oft spielt das Gemüse eine Rolle, das dem Haus seinen Namen gegeben hat: *la zucca*, der Kürbis. Da der einstige Geheimtip immer mehr Leuten bekannt ist, muß man inzwischen vorbestellen, jedenfalls zu den Hauptessenszeiten. Was die Küche noch hergibt, kann man allerdings auch noch am Nachmittag be-

Ein Genuß: Essen mit Blick auf einen der Kanäle

Am Tag, wenn der Regen fällt

Als wettersicher gilt Venedig nun gerade nicht. Die Lagune muß wie alle Küsten vorgelagerten Inseln immer mal wieder mit Regen rechnen. Geübte reisen deshalb mit Regenschutz im Koffer. Doch auch Reisende, die keinen dabei haben, brauchen nicht im Hotelzimmer zu bleiben. Die pfiffigen Venezianer machen nämlich auch aus dem Regen noch ein Geschäft. Wenn die ersten Tropfen fallen, ziehen fliegende Händler rund um den Markusplatz auf und bieten eine hauchdünne Regenhaut in bunten Farben an. Kostenpunkt: 3000 Lit.

kommen. (C 2) *Tgl. außer Mo ab 12.30 Uhr, Santa Croce, 1762, Tel. 5231570, Bootslinie 1: San Stae*

Kategorie 3
(Mehrgängiges Essen für eine Person einschließlich Getränke bis zu 30000 Lire)

Altanella

Die Traditions-Trattoria auf Giudecca ist seit vier Generationen im Familienbesitz. Auch die Venezianer wissen die *pasta e fasoi*, die dicke Bohnensuppe, zu schätzen. (O) *Tgl. außer Di und Mo, geschl. auch im Jan. und Aug., Giudecca, 268, Tel. 5227780, Bootslinie 5: Redentore*

Angelo Raffaele

Eines bekommt man hier besser als in den meisten Top-Restaurants: *sarde saor*, die sauer-olig eingelegten Sardinen. Man kann diese Vorspeise übrigens auch als Hauptgang mit Bratkartoffeln essen. (A 5) *Tgl. außer Mo, Campo Angelo Raffaele, 1722, Tel. 5237456, Bootslinien 5, 8: San Basilio*

Ai Frati

Für die Unverbesserlichen, die auf die touristische Glasbläserei nicht verzichten wollen, gibt es diese gemütliche und recht ordentliche Trattoria auf Murano. (O) *Tgl. in der Sommersaison außer Do ab 15 Uhr, Fondamenta Venier, 4, Tel. 736694*

Alla Madonna

Wenn gar nichts mehr geht, finden Sie hier immer noch einen Platz. Das Haus hat 220 Plätze. Wegen seiner bodenständigen Küche genießt es auch bei den Venezianern seit 30 Jahren einen beachtlichen Ruf. Es liegt in der Calle della Madonna, von denen es in Venedig 13 gibt. Gemeint ist die, die neben der Rialtobrücke auf der Seite von San Polo liegt. (D 3) *Tgl. außer Mi, Calle della Madonna, Tel. 5223824, Bootslinien 1, 4: Rialto*

CHINA-KÜCHE

Shuang Hsi

Wem bei all dem venezianischen und italienischen Speisenangebot mal nach anderer Küche ist, dem kann geholfen werden, allerdings nur mit dieser einen empfehlenswerten Adresse. Die Kombination von einheimischen und fernöstlichen Zutaten gelingt. (B 5) *Tgl. außer Mo, Campo Santa Margherita, 2895, Tel. 5238366, Bootslinie 1: Ca'Rezzonico*

HOTEL TROVATORE
RISTORANTE
La Langousta
RANTE
NDOLA
RISTORANTE
TROVATORE
PANETTER
BOTTIGLIE
ALIMENTA

Shopping mit Pfiff

*Nachdenken vor dem Geldausgeben lohnt.
Am besten kauft man Schuhe für das teure Shopping-Pflaster der Lagunenstadt*

Zwei Dinge liegen auf der Hand, wenn die Sprache auf Venedig als Einkaufsstadt kommt. Erstens: Die meist kleinen Läden wirken so, als wären es Geschäfte, die ein Sonderangebot nach dem anderen feilhalten. Und zweitens: Die Auslagen locken einen ein ums andere Mal, Geld auszugeben. Beides zusammen ist verhängnisvoll genug. Denn Venedig ist ein sündteures Pflaster. Dabei hat alles ganz einfach begonnen.

Zwischen Markusplatz und Rialtobrücke gab es in historischen Zeit die *mercerie*. Wörtlich übersetzt heißt das: Kurzwaren. Und die wurden in den vielen Kreuz- und Quergassen dieses Viertels in Hülle und Fülle angeboten. Aus den ehemaligen Kurzwarenständen wurden im Laufe der Jahrhunderte die heutigen eleganten Boutiquen.

Das Eldorado, in dem man nie so recht weiß, wer – Käufer oder Verkäufer – das Gold sucht, und wer es endlich findet, dieses Land des Luxus beginnt unter dem Uhrenturm auf der Nordseite des Markusplatzes. Die dann folgende Straßenführung des Kaufrausches hat immer noch die alten Kurzwaren-Namen: *merceria dell'orologio, merceria di San Zulian, merceria del capitello, merceria San Salvador* und *merceria II aprile*. Hier reiht sich Geschäft an Geschäft, wie übrigens auf der Westseite des Markusplatzes durch die lange *Calle larga XXII marzo* auch, die noch einen Tick exklusiver scheint.

In dem Dreieck zwischen Markusplatz, Akademiebrücke im Westen und Rialtobrücke im Norden können Kaufende alles finden, was ihr Herz begehrt: alte Bücher und jungen Käse, handgemachte Schuhe und feingesponnene Stoffe, Essig und Öl, Nudeln und Brot, marmoriertes Papier, wie es jetzt in Mode gekommen ist, und mundgeblasenes Glas, wie es kitschiger nicht sein kann. Auswahl ist angeraten! Nicht nur wegen der bei niemandem unerschöpflichen Möglichkeiten von Brieftasche und Portemonnaie. Wenn Sie aus Berechnung einkaufen wollen, machen Sie noch am ehesten bei Schuhwerk ein Schnäppchen. Und das mit Grund: Jeder Venezianer geht, nimmt man den statistischen Mittelwert, täglich etwa zwei Stunden zu Fuß. Das

Im Zentrum der Stadt reiht sich ein Geschäft an das andere

MARCO POLO TIPS FÜR'S SHOPPING

1 Cassini
Alte Bücher und alte Ansichten zu einem fairen Preis (Seite 60)

2 Farmacia di San Polo
Ein Wunderland der heilenden Kräuter und Tinkturen (Seite 63)

3 Il Fornaio
Nudeln für die ersten Mahlzeiten am heimischen Herd (Seite 62)

4 Il Papiro
Die neue Mode: Marmorpapier für alle Gelegenheiten (Seite 63)

5 La Fonte dell'Olio
Öl und Essig aus allen Gegenden Italiens (Seite 62)

6 Rialto-Markt
Am Ende lockt Fischer Fritz mit frischem Fisch (Seite 63)

7 Ricordi
Wo man die Musik(-Instrumente) noch mit der Hand macht (Seite 64)

8 Segalin
Hier zieht man den Schuh per Hand auf den Leisten (Seite 65)

9 Valli
Brokat und Batist – Stoffballen für jede Gelegenheit (Seite 65)

10 Zaggia Claudia
Wenn alte Kleider wertvoll werden (Seite 61)

geht auf die Sohlen. Die Folgen: Schuhe dürfen, sieht man von den Edelboutiquen ab, nicht allzu teuer sein. Das gilt auch heute noch, obwohl immer mehr echte Venezianer längst nicht mehr in ihrer Stadt, sondern irgendwo auf dem Festland einkaufen.

Die Geschäftszeiten in Venedig sind fließend, halten sich aber im allgemeinen an den täglichen Lebensrhythmus der Menschen hier: Werktags – und das heißt in Venedig wie anderswo in Italien auch samstags – sind die Geschäfte von 9 bis 12.30 und von 15.30 bis 19.30 Uhr geöffnet. Für Wochenendreisende, deren Flugzeug am Montagmittag geht, nicht unwichtig zu wissen: Montagvormittags bleiben alle Läden geschlossen; die geplanten Einkäufe müssen also schon am Samstag gemacht werden.

ANTIQUITÄTEN

Selbstverständlich kann Venedig längst nicht mehr nur Dinge aus seiner eigenen reichen Geschichte verkaufen. Es wird inzwischen Antiquarisches aus allen Gegenden Italiens herangeschleppt. Dabei ist dann auch viel wertloser Tand. Trotzdem gibt es ein paar Adressen, auf die man sich verlassen kann.

Cassini
★ So heißt das beste Antiquariat für Bücher und alte Stiche. (D 5) *Calle larga XXII Marzo, 2424, Tel. 5231815, Bootslinien 1, 2, 4: San Marco*

Scarpa
Der Besitzer ist ein Kenner von Zeichnungen und Gemälden italienischer Meister. (D 5) *Calle larga XXII Marzo, 2089, Tel. 5227199, Bootslinien 1, 2, 4: San Marco*

Zaggia Claudia
★ Es gibt gut erhaltenes Spielzeug und beachtliche, hervorragend erhaltene Kleider aus dem Jugendstil und dem Art deco. (B 5) *Dorsoduro, 1197a (Calle de Casin), Tel. 5223159, Bootslinie 1, 2, 4: Accademia*

BILDER

Il Capricorna
Mitten im Kulturviertel hat man sich auf die italienische Avantgarde-Malerei spezialisiert. (D 4–5) *Tgl. außer So 11–13 und 17–20 Uhr, San Fantin, 1994, Tel. 5206920, Bootslinie 1: Santa Maria del Giglio*

BILDERRAHMEN

Sie gehören zur venezianischen Tradition, die *cornici*, die Bilderrahmen, die oft in kleinen Werkstätten noch wie zur Zeit der Dogen hergestellt werden.

Boarzi
Hier im alten jüdischen Ghetto werden Bilderrahmen perfekt restauriert und neu vergoldet. (B 2) *Campo Ghetto Vecchio, 1154, Tel. 5222983, Bootslinien 1, 2: San Marcuola*

Canestrelli
Der Restaurierer ist auch ein Trödler vor dem Herrn. Nehmen Sie sich Zeit zum Stöbern. (D 6) *Campo Barbaro, 364, Tel. 5237738, Bootslinie 1: Santa Maria della Salute*

BLUMEN

Fiori Fantin
Es werden schöne Gebinde angefertigt. (D 4) *Campo San Salvador, 4805, Bootslinien 1, 2, 4: Rialto*

BÜCHER

Fantoni
Hier gibt es die wohl umfangreichste Auswahl an nicht nur italienischen Kunstbüchern in der ganzen Stadt. Aber auch Themen wie Architektur und Fotografie sind archiviert. (D 4) *Salizzada San Luca, 4119, Tel. 5220700, Bootslinien 1, 2, 4: Rialto*

Serenissima
Ein modernes Antiquariat, in dem es oft schon kurz nach dem Erscheinen einmal gelesene Bücher zum halben Preis gibt. (E 4) *Merceria San Zulian, 739, Tel. 5223050, Bootslinien 1, 2, 4: Rialto*

Toletta
Hier stöbert man in Büchern zu stark herabgesetzten Preisen. (B 5) *Calle della Toletta, 1214, Tel. 5232010, Bootslinien 1, 2: Accademia*

DELIKATESSEN

In dieser wunderbaren Stadt der leiblichen Genüsse findet man selbstverständlich überall kleine und winzige Läden, die *specialità gastronomiche*, also Delikatessen, anbieten. Für den Gaumen des Reisenden ist sogar vieles, was der Krämer um die Ecke anbietet, schon eine ungewohnte Freude. Aus der Vielzahl der Einkaufsmöglichkeit für den heimischen Vorratsschrank hier nur ein paar wirkliche Highlights:

Aliani

Die Welt des Käses liegt hier. Ganz besonderes Augenmerk wird auf Sorten norditalienischer Provenience gelegt. (D 3) *Ruga Rialto, 654, Tel. 5 22 49 13, Bootslinien 1, 2, 4: Rialto*

La Fonte dell'Olio

★ ◈ Es gibt die feinsten Olivenöle aus den besten Regionen Italiens. Achten Sie darauf, daß Sie wirklich »olio extravergine di oliva« kaufen. Alles andere ist Verschnitt. (B 5) *Calle San Provolo, 4963, Bootslinie 1: Ca'Rezzonico*

Il Fornaio

★ ◈ So viele Nudelvariationen haben Sie sicher noch nicht gesehen. Fast alle italienischen Regionalspezialitäten werden in den unterschiedlichsten Geschmacksspezialitäten berücksichtigt. Selbstverständlich sind auch *spaghetti neri*, die sepiageschwärzten Tintenfisch-Spaghetti dabei, mit denen man zu Hause noch einmal Venedig genießen kann. Aber, Vorsicht! Kaufen Sie nicht zuviel, denn auch die stets frisch gezogenen Nudeln von Fornaio werden bei längerem Liegen trocken und hart. (D 4) *Calle San Luca, 4579, Tel. 5 22 26 59, Bootslinien 1, 2, 4: Rialto*

Fratelli Milani

◈ Dies ist ein Bäcker, den man sich eigentlich mit nach Hause nehmen möchte. Versuchen Sie einmal so etwas Köstliches wie sein Brot mit Paprika und Oliven. (D 5) *Frezzeria, 1586, Tel. 5 20 52 79, Bootslinie 1: Santa Maria del Giglio*

Rizzo

Schleckermäuler finden hier ihr Honig-Paradies. (E 3) *Salizzada San Giovanni Crisostomo, 55778, Tel. 5 22 28 24, Bootslinien 1, 2, 4: Rialto*

Volpe

Koscheres Brot und traditionelles jüdisches Gebäck gibt es hier im einstigen jüdischen Ghetto. (B 1) *Campo Ghetto Vecchio, 1142, Tel. 71 51 78, Bootslinien 1, 2: San Marcuola*

GESCHENKE

Bac Art Studio

Den Daheimgebliebenen eine Erinnerung aus Venedig mitzubringen, ist nicht immer einfach. Denn vieles überschreitet die Schmerzgrenze zum Kitsch doch recht deutlich. Nicht so die Arbeiten, die es in den zwei Filialen des Bac Art Studios gibt. Die Radierungen und Aquatintas mit Venedig-Motiven, die es hier von venezianischen Künstlern gibt, haben sich in Form und Größe irgendwie der Stadt angepaßt: Manche sind schmal und länglich, andere klein und gedrungen – wie die Häuser an den Kanälen. Es gibt auch winzige Bücher mit Venedig-Motiven und kleine Bilderrahmen für die Arbeiten. (C 5) *Campo San Maurizio, 2663, Tel. 5 22 81 71, Bootslinie 1: Santa Maria del Giglio;* (D 3), *Ruga Rialto, 1069, Tel. 5 23 11 08, Bootslinien 1, 2, 4: Rialto*

GLAS

Barovier & Torso
Wenn der Ausflug auf die Glasbläser-Insel Murano schon sein soll, dann findet man bei diesen beiden alteingesessenen Glasbläserfamilien noch am ehesten handwerkliche Tradition. Ihre Familiengeschichte ist untrennbar mit der Historie Muranos verbunden. (O) *Fondamente dei Vetrai, 28, Murano, Tel. 73 90 49, Bootslinie 5: Colonna*

L'Isola
Carlo Moretti macht den Andenken-Kitsch, der die meisten Glasläden vollstopft, nicht mit. Seine Gläser und Schalen haben Modernität und Formschönheit. (E 5) *Campo San Moisè, 1468, Tel. 523 19 73, Bootslinien 1, 2, 4: San Marco*

HEILKRÄUTER

Farmacia di San Polo
★ Die *erbe medicinali* haben in Venedig Tradition. Jede Apotheke, die auf sich hält, hat eine eigene Abteilung für Heilkräuter. Eine der besten mit schier unerschöpflichen Kräutern und Tinkturen ist die Farmacia di San Polo. (C 4) *Campo San Polo, 2012, Tel. 522 35 27, Bootslinie 1: San Silvestro*

LEDERWAREN

Gatta
Hier führt man im Original die Modelle des Luxus-Lederverarbeiters Gherardini aus Florenz, die fliegende Händler zum Bruchteil des Preises als Imitate an jeder Straßenecke anbieten. (E 4) *Calle dei Fabbri, 4465 b, Tel. 520 43 98, Bootslinien 1, 2, 4: San Marco*

MÄRKTE

Campo San Barnaba
Hier findet sich nur ein Markthändler ein. Er kommt mit dem Boot den Kanal Rio di San Barnaba hinauf, legt an und wird sofort wegen der Frische seiner Produkte von venezianischen Hausfrauen umlagert. (B 5) *Bootslinie 1: Ca'Rezzonico*

Rialto-Markt
★ ⊙ Auf der San-Polo-Seite direkt hinter der Rialtobrücke beginnt der älteste Markt Venedigs. Seit 1097 wird hier gehandelt. Früher galt die Gegend sogar als Finanzzentrum. Heute bieten Kleinhändler Obst und Gemüse, Gewürze, Fleisch, Geflügel und vor allem Fisch an. Denn am Ende des Marktes auf dem Campo Pescheria gibt es den frischesten Fisch der Stadt. Und zwar täglich außer So. (D 3) *Bootslinien 1, 2, 4: Rialto*

MARMORPAPIER

Il Papiro
★ Das gute alte Marmorpapier, das man in Venedig seit Jahrhunderten handbedruckt, ist in den letzten Jahren sehr in Mode gekommen. Die Handarbeit kann man auf den ersten Blick erkennen. In der Werkstatt hinter dem Laden kann man beobachten, wie marmoriertes Papier entsteht. (D 5) *Via Cavour 55, Bootslinie 1: Santa Maria del Giglio*

Legatoria Piazzesi
Auch hier wird mit alten Holzstempeln Papier bedruckt – und

das bedruckte Papier verarbeitet, beispielsweise zu Notizbuch-Einbänden oder zur Verkleidung von Papp-Obelisken. (D 4) *San Marco, 2511, Tel. 5 22 12 02, Bootslinie 1: Santa Maria del Giglio*

MODE

Selbstverständlich sind alle großen italienischen Modeschöpfer und -schöpferinnen wie Armani, Biagiotti, Krizia, Missoni, Valentino mit ihren Kollektionen zum Teil sogar in eigenen Läden vertreten. Man findet sie ausnahmslos nördlich oder westlich des Markusplatzes in den Haupteinkaufsgassen. Zwei besondere Adressen für Kleidung seien hier herausgegriffen:

Camiceria San Marco

Hier werden Herrenhemden in Seide und Baumwolle nach Maß gemacht. Wer einmal mit seinen Maßen in der Kartei ist, kann von zu Hause aus nachbestellen. (E 4) *Calle Vallaresso, 1340, Tel. 5 22 14 32, Bootslinien 1, 2, 4: San Marco oder Rialto*

Rossella

Für Reisende, die ein bißchen Zeit sparen wollen: Hier findet man an einem Platz alle großen Namen der italienischen Alta Moda, der tragbaren Damenmode. (C 4) *Calle del Teatro, 4600 a, Tel. 5 22 37 09, Bootslinie 1: Santa Maria del Giglio*

MUSIKINSTRUMENTE

Ricordi

★ Studenten der nahen Universität kaufen sich hier ihre Noten. Es gibt aber vor allem eine hervorragende Auswahl handgearbeiteter Saiteninstrumente – und eine beachtliche Sammlung von Schallplatten mit venezianischer Musik des 17., 18. und 19. Jh. (B 5) *Calle dello Spezier, 2765, Tel. 5 20 33 29, Bootslinie 1: San Angelo*

Die Ruderpinnen der Gondeln erinnern an moderne Skulpturen

SCHMUCK

Al Canale
Hier bekommt man Modeschmuck aus Keramik in den unterschiedlichsten Formen und Farben. (D 3) *Ruga Rialto, 973, Tel. 5228171, Bootslinie 1: San Silvestro*

Missiaglia
Der einstige königliche Hoflieferant gilt immer noch als *der* Juwelier Venedigs. (E 4) *Piazza San Marco, 125, Tel. 5224464, Bootslinien 1, 2, 4: San Marco*

SCHUHE

Bottega Veneta
Besonders die Damenschuhe sind sehr elegant. (E 4) *Calle Vallaresso, 1338, Tel. 5228489, Bootslinien 1, 2, 4: San Marco*

Segalin
★ ◈ Ihr Leisten wird gemessen. Dann erhalten Sie Schuhe nach Maß. Für Stammkunden wird eine Kartei mit den entsprechenden Angaben geführt, die es möglich macht, auch Fernaufträge entgegenzunehmen. (D 4) *Calle dei Fuseri, 4365, Tel. 5222115, Bootslinien 1, 2, 4: Rialto*

SPITZEN – STICKEREIEN

Rund um den Markusplatz werden alte und neue *»pizzi e ricami«* feilgehalten. Aber Vorsicht ist geboten, denn die Preise sind häufig überhöht. Manchmal hilft handeln.

Maria Mazzaron
Sie gilt als die beste und berühmteste Spitzenklöpplerin Venedigs – und darf deshalb selbstverständlich ihren Preis verlangen. (F 4) *Fondamente dell'Osmarin, 4970, Tel. 5221392, Bootslinien 1, 2, 4: Zaccaria*

STOFFE

Bevilaqua
Der Laden hat Tradition. Es gibt vor allem alte kreuzstichbestickte Stoffe und Gobelins. (E 4) *Calle de la Canonica, 5337b, Tel. 5234991, Bootslinien 1, 2, 4: San Marco*

Valli
★ Farbenprächtige Stoffkreationen gibt es hier von unzähligen Ballen. Brokat und Batist und alles, was das Schneider(innen)-Herz begehrt. (E 4) *Calle Morosoni de la Regina o dei Pignoli Ecke Parrogia di San Moisè, Bootslinien 1, 2, 4: San Marco*

WARENHÄUSER

Im Italienischen heißen sie »grandi magazzini«. Es gibt zwei in Venedig

Coin
(E 3) *Salizzada San Giovanni Crisostomo, 5788, Tel. 5247192, Bootslinien 1, 2, 4: Rialto*

Standa
(D 4) *Campo San Luca, 4540, Tel. 5222543, Bootslinien 1, 2, 4: Rialto*

WÄSCHE

Maricia
Der Laden hält feinste (und bisweilen ein wenig frivole) Dessous bereit. (D 5) *Calle Larga XXII Marzo, 2401, Tel. 5232202, Bootslinie 1: Santa Maria del Giglio*

DANIELI

Traumhaft schlafen

Ob nobel und teuer oder einfach und preiswert, ob Hotel, Pension oder Jugendunterkunft – man schläft fast immer hinter uralten Mauern

Die »Nacht in Venedig«, wie wir sie aus der Operette von Johann Strauß kennen, braucht kein Bett. Keiner vermißt es im bunten musikseligen Maskentreiben (»Ach, wie so herrlich zu schaun sind all die reizenden Fraun«). Dem Reisenden geht es da schon ärger. Wer nicht vorgebucht hat, wird zu fast allen Zeiten des Jahres nur schwer ein passendes Bett nach seinen preislichen Vorstellungen finden.

Deshalb der erste Tip: Buchen Sie auf jeden Fall noch von zu Hause ein Hotelzimmer! Wenn Sie dies telefonisch tun, bestehen Sie auf jeden Fall auf einer schriftlichen Bestätigung. Der zweite Tip gilt auch ganz besonders: Nutzen Sie die im Falle Venedigs wirklich deutlich preiswerteren Kombinations-Angebote von Städtetouren per Bahn oder Flug. Denn Venedig ist ein teures Pflaster. Allein 4000 der rund 14000 Betten in den etwa 225 Hotels, Pensionen und Gasthäusern der Stadt gehören zur Luxusklasse oder zur 1. Kategorie, d.h. sie kosten mindestens 200000 Lit., oft aber weit über 300000 Lit. pro Nacht.

Luxus pur: das Danieli

Es ist wegen guter Vaporetto-Verbindungen möglich, auf dem Festland, etwa am Industriehafen Marghera oder im Arbeiter- und Industrie-Vorort Mestre, Quartier zu beziehen und nur Tagesausflüge nach Venedig zu machen. Doch dann entwickelt die Stadt nur ihren halben Reiz. Denn gerade wenn die Tagestouristen wieder abgefahren sind, gibt es auf den Plätzen und in den Gassen endlich ein bißchen Platz zum Flanieren.

Die besten (und teuersten) Hotels gibt es – sieht man vom Cipriani auf der Giudecca und den Luxushäusern am Lido ab – rund um den Markusplatz. Sie haben selbstverständlich Blick auf den Canal Grande, wenn auch manchmal dieser Blick – venezianische Leichtigkeit läßt grüßen! – über mehrere Dächer an den Horizont geht.

Die Zimmer der Hotels, aber auch der Pensionen sind in den meisten Fällen rechtzeitig und regelmäßig restauriert worden. Die Venezianer lassen sie nicht verkommen. Schon deshalb nicht, weil der Fremdenverkehr ihre Einnahmequelle Nummer eins ist. Deshalb haben viele Zimmer auch Kabelfernsehen, mit dem man unter Umständen sogar deutschsprachige Sender empfangen kann.

In den Zimmerpreisen – das gilt übrigens für ganz Italien – ist in der Regel der Preis für ein Frühstück nicht inbegriffen. Ein Rat: Nehmen Sie nicht das meist überteuerte Hotel-Frühstück, das auch nicht aus viel mehr als aus Kaffee, Hörnchen, Butter und Marmelade besteht, sondern gehen Sie in die nächste Bar. Bestellen Sie dort »un caffè con brioche« – beides ist garantiert frischer, und Sie bekommen neben den Einheimischen schon gleich ein wenig Lebenslust.

Bei der Abreise sollten Sie ihren Rechnungsbetrag mit den im Zimmer ausgehängten Preisen vergleichen. Sollten sich Differenzen ergeben, lassen Sie sich nur auf Diskussionen ein, wenn sie Italienisch wirklich beherrschen. Wenn nicht, haben Sie Gelegenheit, Einspruch gegen überhöhte Rechnungen zu erheben. Und zwar gegen Beleg bei der Giunta Regionale del Veneto, Dipartimento Turismo, (B 2), *Lista di Spagna, 168, Tel. 792638, in Hauptbahnhof-Nähe.*

Ein Tip zur Abreise: Bevor Sie sich für Ihr Gepäck einen teuren freien Träger zur nächsten Vaporetto-Haltestelle rufen, fragen Sie den Hotelboy, ob er Ihnen hilft. Für ein kleines Trinkgeld tut er das meist gerne.

HOTELS PREISGRUPPE A

(für Anspruchsvolle bis zu 300000 Lire pro Nacht im Doppelzimmer)

Cavalletto e Doge Orseolo

Das stilvolle Haus liegt hinter den alten, den nördlichen Arkaden der Piazza San Marco. Für die Spitzenlage mit Blick auf den Gondelplatz »Bacino Orseolo« ist das Haus sogar noch günstig im Preis. 80 Zi. Ab 210000 Lit. (E 4) *Calle del Cavalletto, 1107, Tel. 5200955, Bootslinien 1, 2, 3, 4: San Marco*

Concordia

Das Haus liegt gleich hinter dem Uhrturm der Piazza San Marco. Es hat modernen Komfort. 55 Zi. Ab 183000 Lit. (E 4) *Calle larga San Marco, Tel. 5206866, Bootslinien 1, 2, 3, 4: San Marco*

Des Bains

★ Nicht nur während des Film-Festivals ist dieses Belle-Epoque-Hotel überlaufen. Es liegt am Lido mitten in einem für venezianische Verhältnisse sehr ausgedehnten Park. 193 Zi. und Suiten. Ab 300000 Lit. (O) *Lungomare Marconi 17, Tel. 5265921, Bootslinien 1, 2, 4: Lido S.N. Elisabetta*

Europa e Regina

Direkt am Canal Grande gelegen, lockt das Haus vor allem mit großzügigen Einzelzimmern und schönen Suiten. 189 Zi. und Suiten. Ab 310000 Lit. (D 5) *Calle larga XXII Marzo, 2159, Tel. 5200477, Bootslinie 1: Santa Maria del Giglio*

Gabrielli Sandwirth

★ Von Ihrem Zimmer, wenn es nach vorn liegt, haben Sie einen prächtigen Postkartenblick auf die Insel San Giorgio und die gegenüberliegende Mole von San Marco. 120 Zi. Ab 250000 Lit. (F 4) *Riva degli Schiavoni, 4110, Tel. 5231580, Bootslinie 1: Arsenale*

MARCO POLO TIPS FÜR HOTELS

1 Abbazia
Bei Karmelitermönchen im Flügel eines Klosters (Seite 72)

2 Alla Salute da Cici
Für Kunstfreunde in fast dörflicher Umgebung (Seite 72)

3 Casa Frollo
Viele Gäste retten ein venezianisches Juwel (Seite 72)

4 Des Bains
Die verspielten Jahre der Belle Epoque leben weiter (Seite 68)

5 Gabrielli Sandwirth
Mit unverstelltem Blick auf das Herz von Venedig (Seite 68)

6 La Fenice et des Artistes
Manche schwören: Das schönste Hotel der ganzen Stadt (Seite 69)

7 Locanda Cipriani
Romantische Nächte auf der Insel Torcello (Seite 71)

8 Pensione Accademia – Villa Maraviglie
Das Haus der Wunderdinge (Seite 71)

9 Principe
Gemütlich zu Fuß vom Bahnhof zu erreichen (Seite 71)

10 Villa Mabapa
Auf dem Lido mit verträumtem Blick über die Lagune (Seite 72)

La Fenice et des Artistes
★ Hier ist man mittendrin; hier pulst das Leben. Das Hotel liegt unweit des Theaters inmitten eines Gassen-Gewirrs, in dem sich hochwertige Kaufleute und Antiquitätenhändler niedergelassen haben.

Das Hotel besteht aus vier Palazzi, in deren Innenhof sich ein schöner Garten befindet. 61 Zi. und Suiten. Ab 200 000 Lit., ausnahmsweise inklusive Frühstück. (D 5) *Campiello de la Fenice, 1936, Tel. 5 23 23 33, Bootslinie 1: San Maria del Giglio*

Metropole
Die Zimmer sind besonders individuell, zum Teil mit Antiquitäten eingerichtet. Was der Geschichte des Hauses angemessen erscheint: Es wurde im 18. Jh. als Kornspeicher gebaut. In Markusplatz-Nahe kann das Hotel sogar einen Garten vorweisen. 63 Zi. Ab 300 000 Lit. (F 4) *Riva degli Schiavoni, 4149, Tel. 5 20 50 44, Bootslinie 1, 2: Zaccaria*

Pullman Park Hotel
Eine der wenigen Grünanlagen Venedigs umgibt dieses Hotel. Deshalb ist es sehr ruhig, obwohl es in der Nähe von Bahnhof und Bus-Bahnhof Piazzale Roma liegt. 100 Zi. Ab 210 000 Lit. (A 3) *Giardini Papadopoli, Tel. 5 28 53 94*

HOTELS PREISGRUPPE B

(für mittlere Ansprüche bis zu 170 000 Lire)

Luxushotels in Venedig

Bauer-Grünwald
Das Luxushotel hat gleich mehrere Vorzüge. Sie erreichen die Piazza San Marco durch zwei Torbögen in nur drei Minuten zu Fuß. Sie haben direkt am Eingang eine Gondelstation. Und Sie betreten beim Verlassen des Hotels erst einmal den verhältnismäßig ruhigen Platz vor der Kirche von San Moisè. 214 Zi. und Suiten. Ab 350 000 Lit. (D 5). *Campo San Moisè, 1459, Tel. 5 23 15 20, Bootslinien 1, 2: San Marco*

Cipriani
Luxus pur! Das ist die nobelste der noblen Herbergen Venedigs. Begründet vom legendären Hotelier Giuseppe Cipriani in einer alten Bootswerft, lockt es heute die Reichen und Schönen aus aller Welt. Das Cipriani hat das einzige private Schwimmbad im Zentrum von Venedig. Ein eigener Boots-Pendeldienst vom Hotel auf der Insel Giudecca zur Mole am Markusplatz verkehrt rund um die Uhr. 98 Zi. und Suiten.
Ab 650 000 Lit. (O) *Giudecca, 10, Tel. 5 20 77 44.*

Danieli
Kein zweites Hotel hat in seiner Geschichte soviel Prominenz gesehen. Wegen eines ganz berühmten Paares behält das Haus bis heute ein Zimmer, das die meisten Hotels einfach streichen: das mit der Nummer 13. In ihm nächtigten einst im Jahre 1832 George Sand und Alfred de Musset während ihrer venezianischen Affäre. Berühmt ist die wunderschöne Halle, die man sich allerdings auch bei einer Tasse Café anschauen kann. 222 Zi. und Suiten.
Ab 420 000 Lit. (F 4) *Riva degli Schiavoni, 4196, Tel. 5 22 64 80, Bootslinien 1, 2, 4, 5: Zaccaria*

Excelsior
Es weht ein Flair von Jahrhundertwende durch das Haus – allerdings von der letzten. In der damaligen Belle Epoque hatte das Excelsior einen weltweiten Ruf wegen seiner märchenhaften Feste. Auch heute noch versammelt sich in der Nobelherberge auf dem Lido mit eigenem, sehr gepflegtem Strand internationaler Geld- und Hochadel. 219 Zi. und Suiten.
Ab 480 000 Lit. (O) *Lungomare Marconi, 41, Tel. 5 26 02 01, Bootslinien 1, 2, 4: Lido S. M. Elisabetta*

Gritti Palace
Der prächtige Palast aus dem 16. Jahrhundert gehörte einst dem Dogen Andrea Gritti. Heute logiert der internationale Jet-set hier. Das Haus hat eine Terrasse zum Canal Grande hinaus, die immerhin für den Schriftsteller Jean Cocteau »der schönste Platz der Welt« war. 89 Zi. und Suiten. Ab 560 000 Lit. Ausnahmsweise ist das italienische Frühstückholen im Preis inbegriffen (D 5). *Campo Santa Maria del Giglio, 2467, Tel. 79 46 11, Bootslinie 1: Santa Maria del Giglio*

Carpaccio
Der Palazzo Barbarigo, in dem das Hotel untergebracht ist, liegt sehr ruhig und doch mit Blick auf den Canal Grande. 17 Zi. Ab 140000 Lit., inklusive Frühstück. (C 2) *Calle Corner, 2765, Tel. 523546, Bootslinie 1: San Stae*

Flora
Wie der Name sagt: Ein kleiner, aber wunderschöner Blumengarten erfreut das Herz. 44 Zi. Ab 140000 Lit., ausnahmsweise inklusive Frühstück. (D 5) *Calle larga XXII Marzo, 2373, Tel. 5207855, Bootslinie 1: Santa Maria del Giglio*

Kette
Das sehr gediegene, ruhig gelegene Haus empfiehlt sich durch seine geräumigen Zimmer. Die Lage in der Nähe des Theaters La Fenice könnte zentraler nicht sein. 51 Zi. Ab 140000 Lit. (D 5) *Piscina San Moisè, 2053, Tel. 5207766, Bootslinie 1: Santa Maria del Giglio*

Locanda Cipriani
★ Das ist nun wirklich ein Refugium für Verliebte. Auf der Insel Torcello gelegen, 45 Minuten mit dem Vaporetto vom Zentrum entfernt, verzaubert die Stille der Lagune. Und man muß sich nicht fortbewegen. Denn im Haus ist auch eins der besten Restaurants Venedigs. Man muß allerdings sehr zeitig buchen. 5 Zi. Ab 150000 Lit. (O) *Insel Torcello, Tel. 730150, Bootslinie 12 vom Fondamente Nove*

Pensione Accademia – Villa Maravegie
★ Wörtlich übersetzt heißt diese Pensione in der Umgebung der Galleria dell'Accademia »Villa der Wunderdinge«. Das größte Wunderding, das dieses Haus zu bieten hat, ist der malerische Garten mit seiner sanften Stille. Das Publikum protzt nicht mit Geld; es ist eher der Kunst zugeneigt. 29 Zi. Ab 104000 Lit., inklusive Frühstück. (B, C 5) *Fondamente Bollani 1058, Tel. 5210188 und 5233 78 46 Bootslinien, 1, 2, 4: Accademia*

Do Pozzi
Dies ist ein Platz für Menschen, die sich allein oder zu zweit zurückziehen wollen. In einen intimen Innenhof dringt kein Lärm der umliegenden Gassen. Und man ist trotzdem dort, wo das Leben spielt. In den Fluren und auf den Zimmern hängt eine erwähnens- und beachtenswerte Sammlung zeitgenössischer Maler. 25 Zi. Ab 150000 Lit. (D 5) *Calle larga XXII Marzo, 2373, Tel. 5207855, Bootslinie 1: Santa Maria del Giglio*

Principe
★ Für Bahnreisende ist dieses Hotel ideal. Man kann es vom Bahnhof spielend zu Fuß erreichen und erspart sich den für manche umständlichen Bootstransport. Trotzdem liegen die Zimmer ruhig. 150 Zi. Ab 160000 Lit. (B 2) *Lista di Spagna, 146, Tel. 715022*

Savoia e Jolanda
Im obersten Stock gibt es Balkonzimmer, von denen man denselben Blick wie aus dem Luxus-Hotel Danieli hat. Nur viel preiswerter ist's hier. 79 Zi. Ab 150000 Lit. (F 4) *Riva degli Schiavoni, 4187, Tel. 5206644, Bootslinien 1, 2, 4, 5: Zaccaria*

Im Fenice logieren auch Theater- und Operngrößen

Villa Mabapa

★ Der Blick über die Lagune ist von diesem Hotel auf dem Lido besonders verführerisch. Die Dreißiger-Jahre-Villa ist äußerst komfortabel. 62 Zi. Ab 165000 Lit., ausnahmsweise inklusive Frühstück. (O) *Riviera San Nicolò, 16, Tel. 5260590, Bootslinien 14, 17: Lido San Nicolò*

HOTELS PREISGRUPPE C

(für einfache Ansprüche bis zu 120000 Lire)

Abbazia

★ In einem Kloster aus dem 18. Jh., in dem noch heute Karmelitermönche ihr Gelübde ablegen, ist ein Flügel als Hotel abgetrennt. Es wird ruhig und freundlich geführt. 40 Zi. Ab 80000 Lit., ausnahmsweise inklusive Frühstück. (A/B 2) *Calle Priuli detta dei Cavaletti 68, Tel. 717333, Bootslinie 1: San Marcuola*

Alla Salute da Cici

★ Mitten im Dorsoduro spürt man noch dörfliche Atmosphäre. Und zu den Pilgerstätten für Kunstfreunde (Galleria dell'Accademia und Collezione Peggy Guggenheim) sind es nur ein paar Minuten zu Fuß. 50 Zi. Ab 80000 Lit. (D 5) *Fondamenta Cabalà, 222, Tel. 5235404, Bootslinie 1: Santa Maria del Salute*

Casa Frollo

★ Dieses Hotel ist ein venezianisches Juwel. Und es existiert noch, weil es Stammgäste in einer Kooperative und quasi per Aktie übernommen haben. Nur so konnte diese herrliche Institution venezianischer Gastlichkeit auf Giudecca erhalten werden. 26 Zi. Ab 110000 Lit. (O) *Giudecca, 50, Tel. 5222723, Bootslinien 5, 8: Zitelle*

La Calcina

Wer sich von zwei älteren Damen verwöhnen lassen mag, der ist hier genau richtig. 37 Zi. Ab 85000 Lit. (C 6) *Zattere, 780, Tel. 520 6466, Bootslinie 5, 8: Zattere*

La Residenza

Der gotische Palazzo hat nur wenige Zimmer, die allerdings in der Beletage, deshalb ist eine Buchung lange im voraus notwendig. 17 Zi. Ab 90000 Lit. (O) *Campo Bandiera e Moro, 3608, Tel. 5285315, Bootslinie 1: Arsenale*

Wildner
Das Haus liegt wie die Luxus-Hotels, bietet die gleiche Aussicht, kostet aber erheblich weniger. 19 Zi. Ab 90000 Lit. (F 4) *Riva degli Schiavoni, 4161, Tel. 5227463, Bootslinien 1, 2: Zaccaria*

FÜR JUNGE LEUTE

Jugendherberge
Gerade im Sommer zieht Venedig Legionen von jungen Leuten an. Sie campieren in ihren Schlafsäcken häufig im Freien, schlafen unter Brücken oder im Bahnhof. Denn die einzige Jugendherberge *(ostello per la gioventù)* auf der Insel Giudecca hat nur 280 Plätze. Sie ist in Schlafsäle mit 36 Betten unterteilt, die nach Jungen und Mädchen getrennt belegt werden. Voraussetzung zur abendlichen Aufnahme: Nachweis der Mitgliedschaft in einem Jugendherbergsverband. Die Schlafsäle in der ganzjährig geöffneten Jugendherberge dürfen erst nach 18, müssen aber vor 23 Uhr betreten werden. Bis 9 Uhr morgens müssen sie wieder verlassen werden. Die Übernachtung inklusive Frühstück kostet 18000 Lit. (O) *Ostello A.I.G., Giudecca, 86, Tel., Bootslinien 5, 8: Redentore*

Sommerunterkünfte
Während der europäischen Sommerferien-Monate gibt es für Jugendliche unter folgenden Adressen die Möglichkeit, ein preiswertes Zimmer zu bekommen:
Covento San Francesco della Vigna (O) *Tel. 5222476, Bootslinie 5: Tana Clestia;*
Domus Cavanis (C 5) *Accademia, 912, Tel. 5287374, Bootslinien 1, 2: Accademia;*
Domus Civica (C 4) *Calle de le Sechere, 3082, Tel. 72 11 03, Bootslinie 1: San Tomà*

Studienaufenthalte
Über die Möglichkeit, einen sechs- bis zwölfmonatigen Studienaufenthalt mit Unterkunft in Venedig zu verbringen, informiert das Deutsche Studienzentrum.
Centro Tedesco di Studi Veneziani (C 3) *San Polo, 2765 a, Tel. 520 67 80, Bootslinie 1: San Silvestro*

Arrangiamento

Wenn man nach einem schönem Abend in Venedig gedenkt, die Nacht in seinem Hotelzimmer nicht alleine zu verbringen, obwohl man alleine angereist ist und auch nur für eine Person gebucht hat, wenn man also in unbekannter Begleitung in seiner Herberge ankommt, muß man, besonders als Herr der Schöpfung, damit rechnen, daß die Personalien der begleitenden Dame – schon zum Schutz des Gastes – festgehalten werden. Dann wird aber in der Regel ein Auge zugedrückt. Ein Trinkgeld für den Nachtportier reicht in diesem Fall aber nicht. Der Kavalier findet bei seiner Abreise für diese Nacht einen Posten *arrangiamento* auf einer der Gesamtrechnung beigefügten Extrarechnung. *Arrangiamento* heißt auf deutsch »Übereinkommen«.

Venezianischer Kalender

Venedig versteht es wie kaum eine andere Stadt der Welt, Feste zu feiern, wie sie gerade fallen: Feiertage und Höhepunkte

Es muß alles einmal so gewesen sein. »Ich blieb vor einer hübschen Arlecchina stehen, nahm sie derb bei der Hand und nötigte sie, mit mir ein Menuett zu tanzen. Jeder lachte und machte uns gern Platz. Die Arlecchina tanzte wunderbar ...« Tatsächlich, man kann es sich beim Gang durch Venedig vorstellen, wie sich der Schwerenöter Giacomo Casanova in das Karnevalsgetümmel gestürzt haben mag. Damals wie heute begann und beginnt das venezianische Jahr mit dem Karneval. Und doch ist manches anders geworden. Der Karneval, erst Ende der siebziger Jahre aus kalkulatorischen Überlegungen der Tourismus-Manager höchstoffiziell wiederbelebt, ist nicht mehr dieses schwerelose Maskentreiben des Mittelalters, in dem der Figaro zum Fürsten und der Doge zum Gondoliere wurde.

Trotzdem gibt der Karneval in Venedig immerhin wieder den Startschuß für ein neues Jahr des Feierns. Die Venezianer verstehen sich aufs Feiern. Und fast möchte man das Hemingwaysche Wort von Paris als einem »Fest fürs Leben« auf die Lagunenstadt umschreiben. Alles wird zum Anlaß genommen, um zwischen Piazzale Roma, Lido und Murano, wie man so schön sagt, ein Faß aufzumachen.

An der »Regata storica« nehmen historische Wasserfahrzeuge teil

Dabei spielen beileibe nicht nur die hohen katholischen Feiertage (Himmelfahrt, Mariä Himmelfahrt, Allerheiligen) eine wichtige Rolle. Mit dem ganzen Stolz, zu dem die Venezianer fähig sind, feiern sie auch die Vergangenheit ihrer einst freien Republik (Die Vermählung des Dogen mit dem Meer, Die Historische Regatta). Schließlich jubeln sie auch mit den internationalen Stars der Kulturszene während der verschiedenen Biennale-Festivals, der zweijährigen Kunst-Biennale, des jährlichen Film-Festivals, des Theater- und des Architekturfestivals. Auskunft über Daten und Fakten zu den Biennale-Festivals gibt es vor Ort bei der »Ente Autonoma la Biennale di Venezia« (E 5), *Ca' Giustinian,*

Tel. 5 20 03 11, Bootslinien 1, 2, 3, 4: San Marco.

Gemein ist allen venezianischen Festen, daß die Stadt sich von ihrer Glitzerseite zeigt. Das war schon immer so – auch damals, als noch der Doge über die Piazza San Marco schaute.

FEIERTAGE

1. Januar *(Neujahrstag)*; 6. Januar *(Heilige Drei Könige)*; Ostersonntag und -montag; 25. April *(Tag der Befreiung)*; 15. August *(Mariä Himmelfahrt und Ferragosto)*; 1. November *(Allerheiligen)*; 8. Dezember *(Mariä Empfängnis)*; 25. und 26. Dezember *(Weihnachten)*.

Viele Museen sind an den Feiertagen geschlossen, manche – die mit Sonderausstellungen – haben geöffnet. Die Geschäfte und Restaurants müssen nicht geschlossen halten. Sie können nach eigenem Befinden Öffnungszeiten festsetzen, die dann

Beim Karneval lebt der alte Prunk wieder auf

MARCO POLO TIPS FÜR VERANSTALTUNGEN

1 **Su e zo per i ponti**
Ein kurzweiliger Volkslauf die Brücken rauf und runter (Seite 77)

2 **Vogalonga**
Die Volksregatta mit allen Booten, die Ruder haben (Seite 78)

3 **Festa del Redentore**
Der feierlich-lustige Brückenschlag zur Insel Giudecca (Seite 79)

4 **Regata storica**
Der historische Festzug durch den Canal Grande (Seite 79)

aber von den bekannten meist abweichen.

BESONDERE VERANSTALTUNGEN

Februar/März

Die ersten Masken zeigen sich in Venedig zwar schon Mitte Januar, doch der neubelebte »Carnevale« erlebt in Venedig während der letzten elf Tage des Faschings vor dem Aschermittwoch seinen Höhepunkt. Dann ist das Treiben rund um die Piazza San Marco am größten und buntesten. Dann freilich haben auch viele Restaurants und Bars geschlossen (»Harry's Bar« etwa beendet ihren Weihnachtsurlaub traditionell exakt am Tag nach dem Karneval). Ein besonderer Höhepunkt ist immer noch der Donnerstag vor dem Aschermittwoch. Es war der Tag, an dem in der Glanzzeit Venedigs der Doge und seine Dogaressa offiziell in den Karnevalstrubel eingriffen. »Man stieß und drängte sich halb tot, um die schöne Dogaressa zu sehen«, heißt es in einem Augenzeugenbericht des Dichters E.T.A. Hoffmann, »und wem es gelang sie zu erblicken, der glaubte, er habe ins Paradies geschaut und das schönste Engelsbild sei ihm strahlend und herrlich aufgegangen.« Wer in diesen Tagen nach Venedig kommt und am Maskentreiben in der Hoffnung auf ein »Engelsbild« teilhaben möchte, aber keine Ausstattung dabei hat, dem kann in der Theaterschneiderei Il Baule (E 4, San Marco 583, Tel. 5287788) geholfen werden. Sie leiht Kostüme aus.

März

★ Jeweils am zweiten Sonntag findet der Volkslauf »su e zo per i ponti« statt, was wörtlich übersetzt »die Brücken rauf und runter« heißt und wörtlich zu nehmen ist. Die Venezianer, die durchschnittlich zwei Stunden am Tag zu Fuß gehen, laufen dann vom Ponte della Paglia, der kleinen Brücke, die von der Mole vor dem Dogenpalast zur Riva degli Schiavoni führt (E 4), durch alle sechs Stadtteile zurück zur Piazza San Marco.

April

25. April: Das einst glanzvolle Republikfest zur Befreiung Ve-

nedigs verkommt zum Muttertag. Zur »Festa di San Marco« ist es Sitte geworden, der Frau oder Freundin eine Rose, wenn's üppig sein soll sogar aus Gold, zu schenken.

Mai/Juni

Am Tag von Christi Himmelfahrt, der in ganz Italien als Fest unter der Woche abgeschafft und auf den folgenden Sonntag verlegt worden ist, feiert man die »festa della Sensa«, die feierliche Vermählung des Dogen mit dem Meer. Sie erinnert an den Himmelfahrtstag des Jahres 1000. Damals stach man in See, um Istrien und Dalmatien zu unterwerfen und so Venedigs Vorherrschaft in der Adria zu sichern. Seitdem mußten alljährlich Dogen einen Ehering mit den Worten »Wir ehelichen dich, o unser Meer, zum Zeichen echter und dauernder Herrschaft« ins Meer werfen. Heute übernimmt – ein Abklatsch einstiger Pracht – der Bürgermeister diese symbolische Aufgabe bei einer Feier mit in- und ausländischen Würdenträgern auf dem Lido.

★ ◉ Eine Woche später, am Sonntag nach Himmelfahrt, findet die »vogalonga« statt, eine Volksregatta, an der jedes ruderbetriebene Wasserfahrzeug teilnehmen darf. Die Regatta führt von der Mole vor dem Markusplatz an den Inseln Vignole, Sant'Erasmo, San Francesco del Deserto vorbei, durch die Kanäle von Burano und Murano, durch den Canale Cannaregio und den Canal Grande zurück zum Markusplatz.

Auch an den unruhigsten Tagen findet man noch einen stillen Winkel

Juni
Alle zwei Jahre findet die Kunst-Biennale statt, die die Stadt bis zum Oktober mit einer Vielzahl von Ausstellungen überzieht.

Juli
★ 🚶 Am dritten Sonntag im Juli findet die »festa del Redentore« statt. Vom Zattere-Kai wird auf schwimmenden Pontons eine Brücke zur Insel Giudecca geschlagen. Das ausgelassene Volksfest geht auf ein Gelübde aus dem Jahre 1576 zurück. Damals stiftete der venezianische Senat die Votivkirche Redentore, die später nach Entwürfen des Architekten Palladio gebaut wurde, in der Hoffnung, so die wütende Pest abzuwenden. Es gelang. Am Festtag finden Dankprozessionen statt. Wichtiger ist den Venezianern die Nacht vorher. Auf lampiongeschmückten Booten fahren sie in den Giudecca-Kanal, speisen, trinken, musizieren und lachen. Zur Mitternacht gibt es ein Feuerwerk. Und viele, gerade junge Leute, fahren dann noch auf den Lido, um weiter zu feiern und den Sonnenaufgang zu erleben.

August/September
Ende August beginnt auf dem Lido das jährliche Film-Festival, das wohl mondänste Fest Venedigs. Die »Mostra Internazionale del Cinema« ist neben den Filmfestspielen im französischen Cannes der richtungweisende Filmwettbewerb der Welt.
★ ⦿ Am ersten Sonntag im September wird die »regata storica« angeschossen. Sie läßt mit einem festlichen Zug historischer Wasserfahrzeuge – die Besatzungen tragen zeitgenössische Kostüme – auf dem Canal Grande noch einmal den alten Prunk Venedigs auferstehen. Anschließend kommt es zu den traditionellen Gondel-Regatten vor der Mole des Markusplatzes. Reservierungen für diesen Sonntag, besonders für Hotelzimmer mit Blick auf den Canal Grande, müssen schon Monate vor dem Ereignis gemacht werden.

September
Alljährlich findet das »Festival für zeitgenössische Musik« statt. Überall in der Stadt gibt es hochrangig besetzte Konzerte. Zentrum des Festivals ist das Theater La Fenice (D 4, 5).

Oktober
Auf künstlerisch hohem Niveau findet auch das jährliche »festival del teatro« statt. Mitbegründer des Theater-Festivals ist der Deutsche Max Reinhardt, der 1930 Shakespeares »Kaufmann von Venedig« unter freiem Himmel auf dem Campo San Trovaso (B 5) legendär inszenierte.

November
⦿ Am 21. November findet die »festa della Salute« statt, ein stark religiös betontes Volksfest. Es geht wie »Redentore« auf ein Pestgelübde zurück. Auf dem Canal Grande, zwischen Santa Maria del Giglio und der Chiesa Santa Maria della Salute wird eine Bootsbrücke gebaut, über die den ganzen Tag Venezianer zur Kirche hinüberpilgern, um eine Kerze aufzustellen. Die Kerzen werden auf dem Vorplatz der Kirche angezündet, so daß ein eindrucksvolles Bild entsteht.

Am Abend gehen wir aus

Auf den ersten Blick ist am Abend und in der Nacht herzlich wenig los. Doch: Es gibt Orte für ein bißchen Kurzweil

Wenn der Tag geht und die Dunkelheit in die Gassen, unter die Brücken und auf die Plätze zieht, dann scheint Venedig schnell schlafenzugehen. Die Frage nach einem Nachtleben beantworten selbst die Einheimischen mit einem knappen: Venedig hat kein Nachtleben. Das ist richtig. Der Einfluß der katholischen Kirche ist in Italien zwar nicht mehr so stark wie einst, aber immer noch stark genug, um entsprechende gesetzliche Verbote der Prostitution aufrecht zu erhalten. Und es stimmt doch nicht ganz. Richtig ist, daß Venedig kein Sündenbabel ist. Die Lagunenstadt hat keine Mausefalle wie die Pariser Pigalle, keine Patpong Road wie Bangkok, keine Hamburger Reeperbahn. Käufliche Liebe gibt es nicht – offiziell. Natürlich sind Venedigs Straßen nachts nicht ausgestorben, die Venezianer gehen nicht mit den Hühnern zu Bett. Man geht essen, jüngere Leute besuchen eine Diskothek, mancher kehrt in einer Schenke ein. Und das immerhin in einer Stadt, die dem ältesten Gewerbe der Welt über Jahrhunderte so zugetan gewesen war, ja, die es zu Zeiten der Dogen und ihrer Kurtisanen in fast kulturelle Höhen gehoben hatte. Doch Nachtleben ist ja auch noch etwas anderes. Theater und Kino, Pianobar und Diskothek, Kleinkunst und Varieté – auch mit solchem Feierabendangebot ist Venedig nicht gerade reichlich gesegnet. Es macht sich vielmehr sehr bemerkbar, daß die Venezianer nach dem obligaten (und meist auch langen) Abendessen gerade noch ein Schwätzchen halten und dann allenfalls noch einen guten Freund auf ein letztes Glas mit nach Hause nehmen mögen. So wird auf der Pirsch nach abendlicher und gar nächtlicher Unterhaltung manches, was andernorts als solches nur belächelt würde, schon zum erwähnenswerten Kleinod. Venedig nachts – das ist der diskrete Charme der tiefen Provinz. Der allerdings hat einen Vorteil: Man kommt (fast) nie zu spät ins Hotel zurück, wo

Spät nachts, wenn die Tagesbesucher die Stadt verlassen haben, entfaltet Venedig seinen Charme

die Bar oft eh noch am kurzweiligsten ist. Und das bedeutet, daß einem auch die Angst nicht so sehr in den Nacken steigen kann. Denn gegen Mitternacht und in der Zeit danach kann in Venedig ein Weg von A nach B ganz schön einsam sein. Allein mit dem heraufziehenden Nebel und dem gegen die Hausmauern klatschenden Wasser wird manche Katze zum Ungeheuer und ihr Quieken zu einem markerschütternden Schrei ...

BACAROS

Dies sind gemütlich-primitive Weinschenken, in denen die Venezianer am liebsten unter sich sind und schon den Unbekannten aus dem benachbarten *sestiere*, dem Stadtviertel, gar nicht gern sehen. Am besten man läßt sich von jemandem dorthin mitnehmen. Vielleicht vom Tages-Portier des Hotels, der am Abend noch ein Glas Wein trinken möchte. Die kleinen Kneipen, die oft tagsüber Bars sind, gibt es überall. Ein fast schon ein wenig touristisch gewordenes Bácaro, das gar kein so verlorenes Paradies ist, wie sein Name es sagt, sei zur Einstimmung empfohlen.
★ Paradiso perduto (C–D 1), *Mi geschlossen, Fondamente della Misericordia, 2540, Tel. 720581, Bootslinie 5: Madonna dell' Orio.*

BARS

Die Bars der großen Hotels, in denen oft ein Pianist den Abend untermalt, können auch für den Nicht-Hotelgast einladend sein. Manchmal findet sich dort ein einsames Herz. Das eine oder andere davon gibt es auch in Venedigs Bar der Bars, in ★ »Harry's Bar« (siehe Restaurants) – allerdings erst ein gutes Stück nach der Aperitif-Stunde nachmittags um fünf.

CASINO

★ Venedigs Spielcasino ist eines von nur vieren in ganz Italien. Es ist ein besonderes. Denn man hat es zweigeteilt. Im Winter wird im herrlichen Palazzo Vendramin Calergi direkt am Canal Grande, in dem 1883 Richard Wagner starb, gespielt, im Sommer am Lido. Durch den Wechsel bedingt: In den jeweils beiden ersten Wochen im Oktober und April kann nicht gespielt werden. Das Spielcasino bietet neben Roulette noch Black Jack, Trente et Quarante, Chemin de Fer und bei genügend Teilnehmern Baccara an. Vorsicht ist geboten. Denn das Spielen ist, wie alles in Venedig, nicht gerade billig. Am Roulettetisch etwa müssen – im Winter – Jetons mit einem Mindestwert von 25000 Lire gesetzt werden, das sind immerhin fast 35 Mark. Geöffnet ist ab 15 Uhr. Den jeweiligen Casinos sind auch die beiden besten, nobelsten, aber auch teuersten Nachtklubs der Stadt angegliedert. Zum Haus am Lido gehört das ★ »La Perla«, zum Winterpalast das ★ »Casanova«. Ein Tip: Zahlen Sie nie mit Jetons von den benachbarten Spieltischen. Was in anderen Spielcasinos üblich ist, sieht man in Venedig nicht so gern.

Winter-Casino mit Nachtklub »Casanova« (C 2) *Tgl. 15–3 Uhr, Palazzo Vendramin Calergi, Tel. 720444, Bootslinie 1: San Marcuola, Nachtclub-Tel. 710211*

Sommer-Casino mit Nachtklub »La Perla« (○) *Tgl. 16–3 Uhr Lungomare Marconi, 4, Tel. 5260626, Bootslinie 2: Piazzale Casino, Nachtclub-Tel. 761354*

DISKOTHEKEN

Es gibt nur wenige auf den Inseln, ein paar mehr dafür auf dem Festland.

Acropolis

Hier zucken die Kinder der Schwerreichen, die am Lido Ferien machen, ihren Frust heraus. Teuer! (○), *Do, Fr und Sa ab 22 Uhr, Lungomare Guglielmo Marconi, 22, Tel. 5260466, Bootslinien 6, 11: Lido S.M. Elisabetta*

El Souk

Manchmal schauen Künstler vorbei, denn der Laden liegt in unmittelbarer Nähe der Galleria dell'Accademia. (C 5) *Calle Corfù, 1056a, Tel. 5200371, Bootslinien 1, 2: Accademia*

King's Club

Wahrscheinlich inspiriert die Flughafennähe die Disk-Jockeys, hier ihre Musik fast unerträglich laut aufzudrehen. Viel ganz junges Volk kommt auch aus Marghera und Mestre herüber. (○) *Ca' Zorzi, 165, Tessera, Tel. 5415530, vom Piazzale Roma geht die Autobuslinie 5 bis fast vor die Tür*

KINO

Bei Dauerregen und Überschwemmung kann man wahrscheinlich sogar in Venedig auf die Idee kommen, einmal ins Kino zu gehen. Allerdings laufen (außer zu Zeiten des Film-

MARCO POLO TIPS FÜR DEN ABEND

1. **Al Cherubin**
Die besten Cocktails und sehr viel junges Volk (Seite 85)

2. **Campo San Bartolomeo**
Ein Platz, auf dem immer etwas los ist (Seite 85)

3. **Casanova**
Die bestbesuchte Nachtbar – im Winter (Seite 82)

4. **Casino**
Zocken ist wie alles in Venedig: nicht billig (Seite 82)

5. **Da Codroma**
Wo Studenten hocken und Live-Musik spielt (Seite 85)

6. **Harry's Bar**
Zur Nacht kann es einsame Herzen geben (Seite 82)

7. **La Perla**
Die bestbesuchte Nachtbar – im Sommer (Seite 82)

8. **Palazzo del Cinema**
Wenn schon Kino in Venedig, dann hier (Seite 84)

9. **Paradiso perduto**
Ins Paradies gelangt man gar nicht so leicht (Seite 82)

10. **Teatro La Fenice**
Smoking und Abendkleid möchten schon sein (Seite 87)

Die Venezianer leben auch nachts auf den Wegen und kleinen wie großen Plätzen ihrer Stadt

Festivals Ende August/Anfang September) meistens keine Original-, sondern italienische Synchron-Versionen. Und Richard Gere oder Julia Roberts mit sich überschlagender italienischer Dauerplapperei ist nicht jedermanns Sache. Die Kinos sind über die ganze Stadt verteilt. Es gibt im Sommer acht und im Winter sieben. Das aktuelle Programm kann man telefonisch unter der Nummer 198 oder im Lichtspielhaus selber abrufen.

Accademia
(C 5), *im Sommer geschlossen, Calle Corfù, 1019, Dorsoduro, Tel. 528-7706, Bootslinien 1, 2: Accademia*

Astra
(○) *Via Corfù, Lido, Tel. 5260289, Bootslinien 1, 2: Lido S.M. Elisabetta*

Centrale
(○) *Piscina Rezzeria, 1659, San Marco, Tel. 5228201, Bootslinie 1: Arsenale*

Nazionale
(B 2) *nur im Sommer neben dem Bahnhof, Rio Terrà Lista di Spagna, Tel. 715265, Bootslinien 1, 2, 4, 5: Ferrovia*

Olimpia
(E 4) *Campo San Gallo, 1094, San Marco, Tel. 5205439, Bootslinien 1, 2, 4: San Marco*

Palazzo del Cinema
★ (○) *Lido, Tel. 5260188, Bootslinie 2: Lido Piazzale Casino*

Ritz
(E 4) *Calle larga San Marco, 617, San Marco, Tel. 5204429, Bootslinien 1, 2, 4: San Marco*

Rossini
(D 4) *Campo San Luca/Corte di Muneghe, San Polo, Tel. 5230322, Bootslinien 1, 4: Rialto*

NACHTLOKALE

Es sei noch einmal betont: Unter Nachtlokalen versteht man in Venedig keine Amüsier- und Animierbetriebe mit roter Laterne über dem Eingang, sondern gastliche Pinten, die bis in den späten Abend hinein geöffnet haben.

Al Cherubin

★ Die Bar ist ein beliebter Treffpunkt für die Jeunesse dorée der Lagunenstadt. Es gibt sehr gute Cocktails. (E 4) *Tgl. 10–1 Uhr, Calle Sant'Antonio, 4118, Tel. 5238239, Bootslinie 1: Sant'Angelo*

Da Codroma

★ Dies ist eines der wenigen Lokale Venedigs, in denen wirklich Live-Musik gespielt und gepflegt wird. Das eher studentische Publikum drängt sich oft sehr. (A 5) *Tgl. außer Do 19–2 Uhr, Fondamente del Soccorso, 2540, Tel. 5204161, Bootslinie 1: Ca' Rezzonico*

Enoteca al Vòlto

Das auch tagsüber geöffnete Gasthaus ist hier eingeordnet, weil es gegen Abend erst richtig gemütlich wird. Im Angebot und offenen(!) Ausschank sind über 1000 zum Teil hervorragende Weine. (D 4) *Tgl. außer So, Calle Cavalli, 4081, Bootslinien 1, 4: Rialto*

La Mansarde

Die Nachtbar liegt im ersten Stock des Restaurants »Al Teatro«, das seinen Namen vom Teatro La Fenice hat, dem nahen weltberühmten Opernhaus. Deshalb sieht man an der Theke der »Mansarde« manchmal durchaus Sänger wie Placido Domingo oder Peter Hoffmann sitzen. (D 5) *Tgl. außer Di 22–3.30 Uhr, Campo San Fantin, 1916, Tel. 5224121, Bootslinie 1: Santa Maria del Giglio*

Martini Scala

Bei dezenter Klaviermusik gibt es hier, im Ableger des Schlemmerlokals »Antico Martini« (siehe Restaurants) auch noch nach Mitternacht Kleinigkeiten zu speisen. Viele kommen erst, wenn alle umliegenden Kneipen schließen. (D 5) *Tgl. außer Di 22 bis 3.30 Uhr, Calle Caffetier, 2007, Tel. 5224121, Bootslinie 1: Santa Maria del Giglio*

Ostaria al Milion

Diese Weinschenke, die zu den ältesten der Stadt gehört, blüht am Abend zu besonderem Leben auf. Auf engstem Raum in einem Hof, in dem das Vaterhaus des großen Reisenden Marco Polo gestanden haben soll, kommen Touristen und Einheimische ins Gespräch. Zu essen gibt es vom stets frischen Büffet. (E 3) *Tgl. außer So ab 18 Uhr, Corte al Milion, 5840, Bootslinien 1, 4: Rialto*

PLÄTZE

Die Jugend Venedigs trifft sich abends auf den Plätzen. Nicht selten bringen sie Kassettenrecorder mit und beginnen in der Straße zu feiern. Wenn es zu kühl wird, suchen sie die umliegenden Gasthäuser und Bars auf. Zwei der am Abend quirligsten Plätze sind der Campo San Luca und der ★ Campo San Bartolomeo.

THEATER

In Venedig entstand um die Mitte des 16. Jh. die italienische Theaterform »commedia dell' arte«. Sie wird allgemein als Stegreifkomödie bezeichnet, weil von vielen Stücken nur grobe Szenarien überliefert sind und weil – nach Berichten aus jener Zeit – offenbar die Aufführungen so unmittelbar wirkten, als agierten die Spieler spontan, eben aus dem Stegreif. Tatsächlich aber war das Spiel deutlich vorgeschrieben. Es gab feststehende Regeln. Was zunächst als regionaler Bühnenspaß mit mundartlichen Anspielungen auf örtlichen Klatsch und Tratsch begann, weitete sich im Laufe der Jahrhunderte bei Gastspielreisen immer weiter aus – und führte schließlich sogar in Frankreich (etwa bei Molière) und Österreich (etwa bei Nestroy und dem Wiener Volkstheater) zu neuen Bühnenformen. Daß die »commedia dell' arte« bald nicht mehr auf Straßen und Plätzen spielen mußte, verdankt sie wiederum Venedig. Denn die Dogen und der Rat der Stadt waren zu allen Zeiten kunstbeflissen. 1637 war bereits das Theater von Cassiano eröffnet worden, das erste Opernhaus der Welt, das einem breiten Pu-

Im Teatro La Fenice wird großes Theater geboten

blikum zugänglich war. 1678 folgten dann die Theater Malibran und Goldoni als Sprechbühnen. Das Theater in Venedig begeisterte auch jene Menschen, die des Italienischen nicht mächtig waren, zu allen Zeiten. Einer seiner Fans war auch der Italien bereisende Johann Wolfgang Goethe: »Gestern war ich in einer Komödie, die mir viel Freude gemacht hat: Ich sah ein extemporiertes Stück in Masken, mit viel Naturell, Energie und Bravour ausgeführt.« Diese Bravour kann heute noch fesseln. Und sollte in der »Fenice« oder dem »Goldoni«, Venedigs weltbekannten Theatern, eine Verdi-Oper oder ein Goldoni-Spiel gegeben werden, und sollten Sie an Karten gelangen, nutzen Sie die Chance. Auch ohne die geringsten Sprachkenntnisse werden Sie begeistert sein.

Avogaria

Das kleine Theater pflegt den venezianischen Dialekt. (A 5) *San Sebastiano, 1617, Tel. 5 20 61 30, Bootslinien 5, 8: San Basilio*

La Fenice

★ Ein Abend in diesem weltberühmten Opernhaus, das 820 Besucher faßt, ist ein gesellschaftliches Ereignis. Smoking und Abendkleid sind zu empfehlen, wenn man sich in das ruhmreiche »Teatro La Fenice« begibt, das mit seinem auf den Campo San Fantin führenden Portal eher winzig wirkt. Rossinis »Semiramis« (1823) und Verdis »La Traviata« (1853) hatten hier ihre Weltaufführung. Bis heute kommen die weltbesten Sänger, die weltbesten Dirigenten gern in dieses Haus, dessen goldverzierte Logenreihen großen Eindruck machen. In der Saison findet der Vorverkauf tgl. 9.30 bis 12.30 und 16–18 Uhr sowie eine Stunde vor Vorstellungsbeginn statt. Premierenkarten kosten bis zu 100 000 Lit. Aber das Opernhaus ist auch für das Volk da: Es gibt Plätze für 14 000 Lit. (D 5) *Campo San Fantin, Tel. 70 33 44, Vorverkauf: 70 93 44, Bootslinie 1: Santa Maria del Giglio*

Goldoni

Das Theater zeigt auch modernes Sprechtheater. Aber wenn wirklich ein echter Goldoni auf dem Programm steht, sollte man ihn sich nicht entgehen lassen. Vorverkauf: 10–13 und 16.30–19 Uhr. Karten gibt es ab 11 000 Lit. (E 3) *Calle del Teatro, 4650, Tel. 5 20 54 22, 5 20 75 83, Bootslinien 1, 2, 4: Rialto*

Malibran

In der Dependance der »Fenice« werden hauptsächlich Ballettabende gegeben. (E 3) *San Giovanni Crisostomo, Tel. 5 22 53 39, Bootslinien 1, 2, 4: Rialto*

VENEZIANISCHE VOLKSMUSIK

Ai Musicanti

Obwohl die Gästeschar sehr international und sehr touristisch ist, kann man hier ein Stück venezianischer Kultur erleben. Denn die Gondellieder und andere Venedig-Folklore sind echt. Sie werden während der Hauptsaison zwischen April und Oktober von Venezianern vorgetragen. (F 4) *Tgl. 21–24 Uhr, Ponte della Canonica, Tel. 70 89 22, Bootslinien 1, 2: Zaccaria*

Von Auskunft bis Zeitung

Brauchen Sie ein Aspirin, einen singenden Gondoliere, eine Theaterkarte oder Rat wegen des verlorenen Passes? Hier finden Sie die richtige Adresse

AUSKUNFT VOR DER REISE

Das Staatliche Italienische Fremdenverkehrsbüro ENIT ist in folgenden Städten vertreten:
40212 Düsseldorf, Berliner Allee 26, Tel. 0211/132231
60329 Frankfurt/Main, Kaiserstr. 65, Tel. 069/231213
80336 München, Goethestr. 20, Tel. 089/530369
A-1010 Wien, Kärtnerring 4, Tel. 0222/5054374
CH-8001 Zürich, Uraniastr. 32, Tel. 01/3069111

AUSKUNFT IN VENEDIG

Azienda Promozione Turistica
Der Verkehrsverein (Tel. 5298711, 5230113) hat vier, im Sommer sechs Auskunftsbüros. Die drei wichtigsten:
Am Bahnhof: (A 2) *Mo–Sa 8–20 Uhr, So 12–20 Uhr, Tel. 715016, Bootslinien 1, 2, 5, 34: Ferrovia*
An der Piazza San Marco 71c: (E 4) *Mo–Sa 9–12.30 und 15–19 Uhr, Tel. 5226356, Bootslinien 1, 2, 34: San Marco*
Auf dem Lido, Viale S.M. Elisabetta 6a: (O), *Mo–Sa 8–14 Uhr, Tel. 765721*

Assessorato al Turismo
Auskunft gibt auch das Amt für Fremdenverkehr: (E 5) *Calle Giustinian, 1364a, Mo–Sa 8–14 Uhr, Tel. 5209955, Bootslinien 1, 2, 4: San Marco*

APOTHEKEN – FARMACIA

Die Öffnungszeiten der Apotheken sind Mo–Fr 9–12.30 und 16–19.45 Uhr im Sommer, 15.30–19.15 im Winter, Sa nur vormittags. Sa nachmittags, nachts sowie an Sonn- und Feiertagen gibt es einen Bereitschaftsdienst. Listen mit den jeweils dienstbereiten Apotheken hängen an jeder Apotheke.
Telefon-Auskunft: 192

FUNDBÜROS – UFFICI OGGETTI RINVENUTI

Die beiden öffentlichen Fundbüros befinden sich am Bahnhof: (A 2) *täglich 8–12 und 15–18 Uhr, Tel. 716122* und bei der Stadtpolizei im Rathaus: (D 4) *Palazzo Loredan, Riva del Carbon, Mo–Fr 8–14 Uhr, Tel. 5224063, 5236010, Bootslinien 1, 2, 4: Rialto*

GELD

Die Öffnungszeiten der Banken *(banche)* und Sparkassen *(casse di risparmio)* sind in Venedig einheitlich: *Mo–Fr 8.20–13.20 Uhr.* Eurocheques werden bis zu einer Höhe von 300 000 Lit. angenommen. Die Vorlage eines Reisepasses oder Personalausweises wird oft verlangt. Wechselstuben *(negozi di cambio)* gibt es im Bahnhof: (A 2) *täglich 8–20 Uhr* und im Reisebüro »Romea Tour«: (B 2) *Lista de Spagna, 134, im Sommer täglich 8–20, im Winter täglich 9–13 und 15.30–19 Uhr*

GONDELN

Gondelstandplätze, an denen man direkt einsteigen kann, gibt es an zwölf verschiedenen Stellen des Canal Grande. Der offizielle Tarif beträgt 60 000 Lit. für eine Stunde (zwischen 19 und 8 Uhr: 10 000 Lit. mehr). Maximal haben fünf Personen in einer Gondel Platz. Gondelfähren, die Spaziergänger für 1000 Lit. (einfache Fahrt) über den Canal Grande übersetzen, gibt es am Bahnhof (A 2), bei San Marcuola (C 2), bei Santa Sofia neben der Ca' d'Oro (D 2), an der Riva del Carbon neben der Rialtobrücke (D 4), bei San Tomà (C 4), zwischen San Samuele und Ca'Rezzonico (C 5) sowie bei Santa Maria del Giglio (D 5). In den Sommermonaten von Mai bis September finden abendliche Fahrten mit Musik statt. *Abfahrt: 21 Uhr bei der Gondelstation neben der Kirche San Moisè* (D, E 5). *Anmeldung: Reisebüro »Compagnia Italiana Turismo« (CIT) an der Piazza San Marco 48/50* (E 4), *Tel. 5285480.* Eigentlich sind die Gondoliere an feste Preise gebunden, die auf einer – leider nicht immer sichtbaren Liste – im Inneren der Gondel aufgeführt sein müssen. Über Gondelpreise informiert auch die Broschüre »Un Ospite di Venezia«, die in den Hotels ausliegt.

HUNDE

Auch die Hunde der Touristen müssen einen Maulkorb tragen. Auf den Linienbooten muß für die Tiere ein Personenticket gelöst werden.

KONSULATE

Deutsches Konsulat
(C 5) *Campo San Vidal, 2888, Mo–Sa 9.15–12.30 Uhr, Tel. 5225100*

Eine Gondelfahrt gehört für viele zu einem Venedigbesuch

Österreichisches Konsulat
(A 3) *Piazzale Roma, 461 a, Mo–Fr 9–12 Uhr, Tel. 5200459*

Schweizer Konsulat
(B, C 6) *Zattere-Kai, 810, Mo–Fr 9–11.30 Uhr, Tel. 5225996, 5203944*

KLEIDUNG

Seit Sommer 1991 gibt es Strafen (bis zu 30000 Lire) für Venedig-Besucher, die mit nacktem Oberkörper oder in Strandkleidung in die Stadt kommen.

LINIENBOOTE

Im engeren und weiteren öffentlichen Bootsverkehrs Venedigs gibt es 17 unterschiedliche Linien. Die Tarife liegen zwischen 1500 und 3000 Lit. für die einfache Fahrt. Es gibt Ermäßigungen, z.B. das *biglietto 24 ore*, mit dem man für 10000 Lit. auf allen Strecken fahren kann. Auskunft erteilt die »Azienda del Consorzio Trasporti Veneziano« (Actv) am Bootsanleger Sant Angelo: (C 4) *Corte dell'Albero, 3880, Mo bis Fr 8.30–13 Uhr, Tel. 780310.*

POLIZEI

Bei Diebstählen, Überfällen und aufgebrochenen Autos ruft man am besten die *Carabinieri* (Tel. 5204777, Notruf: 112), die in allen Stadtteilen Reviere haben. Bei Verlust von persönlichen Papieren ist eher die *Questura* (Tel. 5203222, Notruf: 113) mit ihrem eigenen Ausländerbüro zuständig. Beim abgeschleppten Auto bleibt Ihnen der Weg zur Städtischen Verkehrspolizei *(vigili urbani)* nicht erspart. Das Kommando sitzt im Palazzo Loredan: (D 4) *Riva del Carbon, Tel. 5224063, 5236010*

STROM

Die Spannung beträgt fast überall 220 Volt. Es gibt aber auch noch Steckdosen zum Umschalten von 110 auf 220 Volt.

TAXI

Da die wichtigsten Verbindungsstraßen Venedigs die Kanäle zwischen den Inseln und Inselchen sind, besteht der Taxi-Service aus Motorbooten *(motoscafo)*. Noch haben nicht alle Wassertaxis Taxameter. Trotzdem müssen sich die Motorbootführer an die Tarife halten, die im Boot sichtbar aushängen sollen. Der Preis gilt für vier Personen. Aufschläge nehmen die Taxis für Nacht- und Feiertagsfahrten sowie für Gepäck und Wartezeiten. Standplätze der Wassertaxis sind am Bahnhof (A 2), am Piazzale Roma (A 3), an der Molo San Marco (E 5), an der Ponte die Rialto (D 3), auf der Insel Tronchetto (O), am Lido (O) und am Flughafen (O).

TELEFONIEREN UND POST

Es gibt vier öffentliche Telefonämter in Venedig:

ASST am Bahnhof (A 2), *tgl. 8 bis 20 Uhr*

ASST bei der Hauptpost am Campo San Bartolomeo (D, E 3), *durchgehend geöffnet*

ASST am Flughafen Tessera (O), *tgl. 8–20 Uhr*

SIP an der Piazzale Roma (A 3), *tgl. 8–21.30 Uhr, Bootslinien 1, 2, 5: Piazzale Roma*

Zum Telefonieren aus Kabinen oder Bars braucht man Gettoni, die 200 Lit. kosten. Aus Venedig wählt man 0049 nach Deutschland, 0043 nach Österreich und 0041 in die Schweiz. Von der Bundesrepublik Deutschland und der Schweiz aus ist die Vorwahl für Venedig 003941. Von Österreich aus 04041. Die Hauptpost (D–E 3) ist im Fondaco dei Tedeschi, Bootslinien 1, 2: Rialto, untergebracht. Schalterstunden: 8–19 Uhr, der Telegrammschalter am Eingang durchgehend. Briefmarken gibt es in den Tabakläden, die man am weißen T auf schwarzem Untergrund erkennt. Postkarten nach Deutschland, Österreich und in die Schweiz brauchen Marken für 550 Lit., Briefe bis 20 g 750 Lit.

THEATERKARTEN

Die meisten Hotels sind beim Besorgen der Theaterkarten behilflich, die oft rar sind, da alle Theater nur eine kurze Spielzeit haben. Deshalb kann man an der Abendkasse manchmal Pech haben. Der sicherste Weg führt zum Reisebüro. Die folgenden vier haben in der Regel Karten:

CIT: (E 4) *Piazza San Marco 48/50, Tel. 5285480*

Waggons-Lit/Cook: (E 4) *Piazzetta dei Leoncini 289–305, Tel. 5223405*

American Express: (D 5) *Salizzada San Moisè 1471, Tel. 5200844*

Bassani: (D 5) *Via Marzo, 2414, Tel. 5208633*

TOILETTEN

Tagesurlauber wissen es zu schätzen, wenn ein »Stilles Örtchen« zentral gelegen ist. In Venedig ist dies besonders wichtig, da es immer noch viele Bars und kleinere Restaurants gibt, in denen die Toilette fehlt. Öffentliche, auch gepflegte Toiletten, die allerdings deshalb auch kostenpflichtig sind, gibt es in den beiden »Albergo diurno« am Bahnhof (A 2), täglich 6–20.30 Uhr, und neben der Post hinter dem Napoleonischen Trakt auf der Westseite des Markusplatzes (D, E 4), täglich 8.30–20 Uhr. Ein öffentliches WC befindet sich auch auf dem Campo San Bartolomeo (D 3). Alle Museen haben ebenfalls Toiletten.

TRINKGELD

Die stolzen Venezianer bestehen nicht unbedingt auf Trinkgeld, sehen es aber gern, wenn Freundlichkeit und Zuvorkommenheit auf diese Weise gewürdigt werden. In den Restaurants sollte man sich an das inzwischen schon überall übliche Maß halten: zehn Prozent des Rechnungsbetrages. Im Hotel gibt man dem Liftboy nach dem Tragen der Koffer bis zu 2500 Lit. In der Stehbar nach Café und Panino läßt man 100 bis 200 Lit. liegen. Der Gondoliere bekommt 2000 bis 5000 Lit. Und die Rechnung des Bootstaxifahrers wird aufgerundet.

VERANSTALTUNGSKALENDER

Über Veranstaltungen in Venedig informieren »Venezia Almanacco« oder die konservative Tageszeitung »Il Gazzettino«.

Zoll

Ab 1. Januar 1993 gibt es innerhalb der EG für Privatreisende (nicht für Gewerbetreibende) keine Zollgrenze mehr. Das heißt, daß der Tourist alle Waren, die er für seinen perönlichen Verbrauch eingekauft hat, ohne weiteres mit in sein Heimatland nehmen darf. Daß der Begriff »persönlicher Verbrauch« natürlich auch zu gewissen »Obergrenzen« führt, leuchtet ein.

ZEITUNGEN

Die deutschsprachigen Tageszeitungen gibt es meist erst nachmittags in den Kiosken der Stadt. Der beste steht an der Westseite des Markusplatzes (E 4).

WETTER IN VENEDIG

Die monatlichen Durchschnittswerte im Überblick

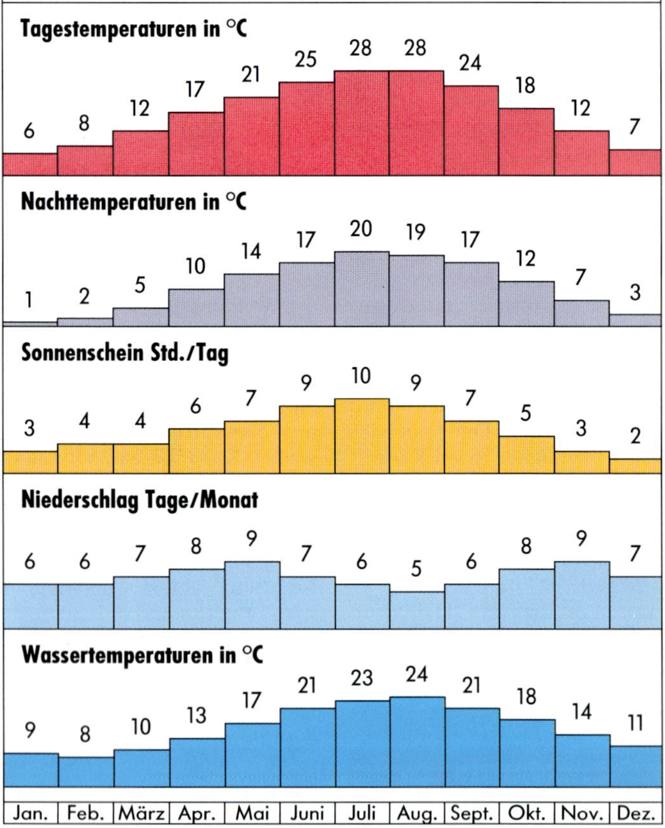

Bloß nicht!

Im Italienischen heißt das: »ma no!« Wir warnen damit vor Dingen, die Ihnen als Tourist vermutlich keinen Spaß machen werden oder mit denen Sie sogar ziemlich anecken können

Gottesdienste stören
Die Chance ist groß, daß Sie auf Ihrer Besichtigungstour durch die vielen Kirchen auf einen Gottesdienst stoßen. Allein in der Basilica San Marco gibt es täglich (!) ab 7 Uhr den ganzen Vormittag alle 45 Minuten eine neue Messe. Sie findet allerdings in einem abgesperrten Seitenschiff statt. Und dort sollten Sie wirklich nicht mit blitzenden Kameras, lauten Gesprächen oder plötzlichem Lachen stören. Es gibt Menschen, die das stille Gebet brauchen.

Masken kaufen
Die vielen Andenkenhändler rund um den Markusplatz gehen einem dann auf den Geist, wenn sie neben der Postkarte unbedingt noch eine ihrer scheußlich kitschigen Karnevalsmasken in allen Größen von der Anstecknadel bis zur Verkleidung für einen Elefantenkopf andrehen wollen – und zwar das ganze Jahr über. Neben dem Kitsch stört vor allem, daß nur noch die wenigsten Masken von Hand und in Venedig gemacht werden. Industrieproduktion »made in Taiwan« aber braucht man nicht als Andenken für zu Hause.

Mestre erlaufen
Viele meinen, ein Abstecher zum Festlandssockel Venedigs gehöre nun einmal zum Programm. Doch die Industrie- und Arbeiter-Vorortsiedlung Mestre, die mit ihren inzwischen schon über 220 000 Einwohnern längst zum Moloch geworden ist, lohnt keinen Besuch. Anzusehen gibt es nichts. Die Luftverunreinigung nimmt einem den Atem. Und nicht einmal die Restaurants, Diskotheken und Kinos scheinen sich gegen den Industrie-Schmierfilm sauberhalten zu können.

Murano besuchen
Da wir gerade bei überflüssigen Besuchen sind: Murano muß man nicht haben. Nun gut, es gibt immer noch Glasbläser bei der Arbeit, aber der Eindruck, den sie mit ihren aufgeblasenen Backen machen, hält sich sehr in Grenzen. Dafür wird die anschließende Jagd auf das Touristen-Portemonnaie um so aufdringlicher. Wer braucht denn wirklich eine mundgeblasene gläserne Gondel für den Schreibtisch? Oder einen ebenso gefertigten Vogel, der entfernt an einen Flamingo erinnert? Für den,

der wirklich einmal dem Rummel um den Markusplatz entfliehen und auf eine entferntere Insel fahren will, gibt es ja beispielsweise Torcello mit der wunderbaren Locanda Cipriani.

Nachts spazierengehen

Allein, wohlgemerkt! Nach Mitternacht zieht auch dem Hartgesottenen an manchen dunklen Ecken die Gänsehaut über den Körper. Geräusche verdoppeln sich. Die Angst kommt von ganz allein. Und die Gefahr des Verlaufens, die man mit etwas Geschick und Überblick tagsüber fast ganz ausschalten kann, lauert plötzlich überall. Die wenigen Bars, die nach Mitternacht noch geöffnet sind, scheinen unerreichbar.

Tauben füttern

Das muß ja wirklich nicht sein. Fliegende Händler verkaufen auf dem Markusplatz für 1500 Lit. kleine Säckchen mit Futtermais für die Tauben, die ohnehin von der ganzen Touristenfütterei schon fett genug sind. Auch die immer gleichen Fotomotive sind nicht aufregend: Tourist füttert und hat Tauben über Tauben auf dem Kopf und den ausgebreiteten Armen. Das war schon in jenen Zeiten nicht mehr komisch, als die Fotografen ihre Bilder noch auf Platte bannen mußten. »Die guten Tiere gehen auf den Vorschlag ein«, schrieb Alfred Polgar einst, »sie setzen sich den widerwärtigsten Männern und häßlichsten Weibern auf den Kopf und holen sich Körner aus der Frisur.« Für Unverbesserliche: Wer das leere Plastiksäckchen den Körnern hinterher auf den Platz wirft, dem droht eine dicke Geldstrafe. Eine Verordnung des Bürgermeisters am Futtermaisstand weist darauf hin.

Traurig ankommen

Venedig überzieht sich gern mit dem Schleier der Melancholie. Das kann für depressive Menschen im wahrsten Sinn des Wortes tödlich sein. In jedem Jahr begehen in Venedig deutlich mehr Besucher als Bürger Selbstmord.

Ein Straßencafé bei der Rialtobrücke

Trinkgeld ankündigen

Beim Bezahlen im Restaurant weist man den Ober nicht darauf hin, daß er ein Trinkgeld mit abziehen möge. Der stolze Venezianer wird immer mit dem korrekten Wechselgeld zurückkommen. Trinkgelder läßt man beim Verlassen des Lokals auf dem Rechnungsteller oder auf dem Tisch liegen.

In diesem Register finden Sie alle Sehenswürdigkeiten, Hotels und Restaurants.

Sehenswürdigkeiten

Hotels

Restaurants

Was bekomme ich für mein Geld?

Auf diese Frage gibt es in Venedig nur eine Antwort: zuwenig! Denn Venedig ist, wie Sie an den vielen Preisbeispielen in diesem Buch gesehen haben, eine teure Stadt. Dies hängt zum einen mit den ohnehin ständig gerade über Norditalien schwappenden Teuerungswellen zusammen; zum anderen liegt es an der prekären Insellage. Schließlich muß jede Ware, inzwischen ja selbst fast jeder Fisch, noch einmal extra verschifft werden – und wenn es nur auf eine Last-Gondel ist. Für die Umrechnung von Lire in Mark gibt es eine kleine Faustregel, die Ihnen grob zeigt, wieviel deutsches Geld Sie für die Ware ausgeben müßten: Sie streichen von der Lire-Summe zwei Nullen weg und teilen den Rest durch neun, dann haben Sie Ihren Annäherungswert. Beispiel: Ihr Hotelzimmer kostet 270 000 Lire. Rechnen Sie! Der Mark-Betrag wäre 300. Sparen können Sie, wenn Sie geschickt sind. Verzichten Sie auf das Hotelfrühstück (14 000 Lit.) und gehen Sie in die Bar nebenan (3500 Lit.). Rechnen Sie! 20 Mark gegen 5 Mark. Das ist schon ein Unterschied.

Kreditkarten werden in den meisten guten Geschäften von Venedig angenommen. Eurocheques selten. Und wenn, bedenken Sie, daß eine doppelte Gebühr anfällt. Meist eine Bearbeitungsgebühr von 300 Lit. in Venedig und dann noch die Einlösungsgebühr bei Ihrer Bank daheim.

DM	Lit	Lit	DM
1	904	100	0,11
2	1.808	500	0,56
3	2.712	1.000	1,11
4	3.616	1.500	1,67
5	4.520	2.000	2,22
10	9.040	5.000	5,55
20	18.080	10.000	11,10
25	22.600	20.000	22,20
30	27.120	25.000	27,75
40	36.160	30.000	33,30
50	45.200	40.000	44,40
75	67.800	50.000	55,50
100	90.400	60.000	66,60
200	180.800	70.000	77,70
250	226.000	80.000	88,80
300	271.200	90.000	99,90
500	452.000	100.000	111,00
750	678.000	500.000	555,00
1.000	904.000	1.000.000	1.110,00
2.000	1.808.000	2.000.000	2.220,00

Die Bootslinien sind (von den eigenen Füßen abgesehen) das preiswerteste Verkehrsmittel in Venedig